ZINGST

Ein Streifzug

Bettina Bauch

&

Eckhard Schmittner

Impressum

Titel: ZINGST – Ein Streifzug

© 2018 Bettina Bauch / Eckhard Schmittner

Alle Rechte vorbehalten.

Coverbild: Bettina Bauch

Covergestaltung: Eckhard Schmittner

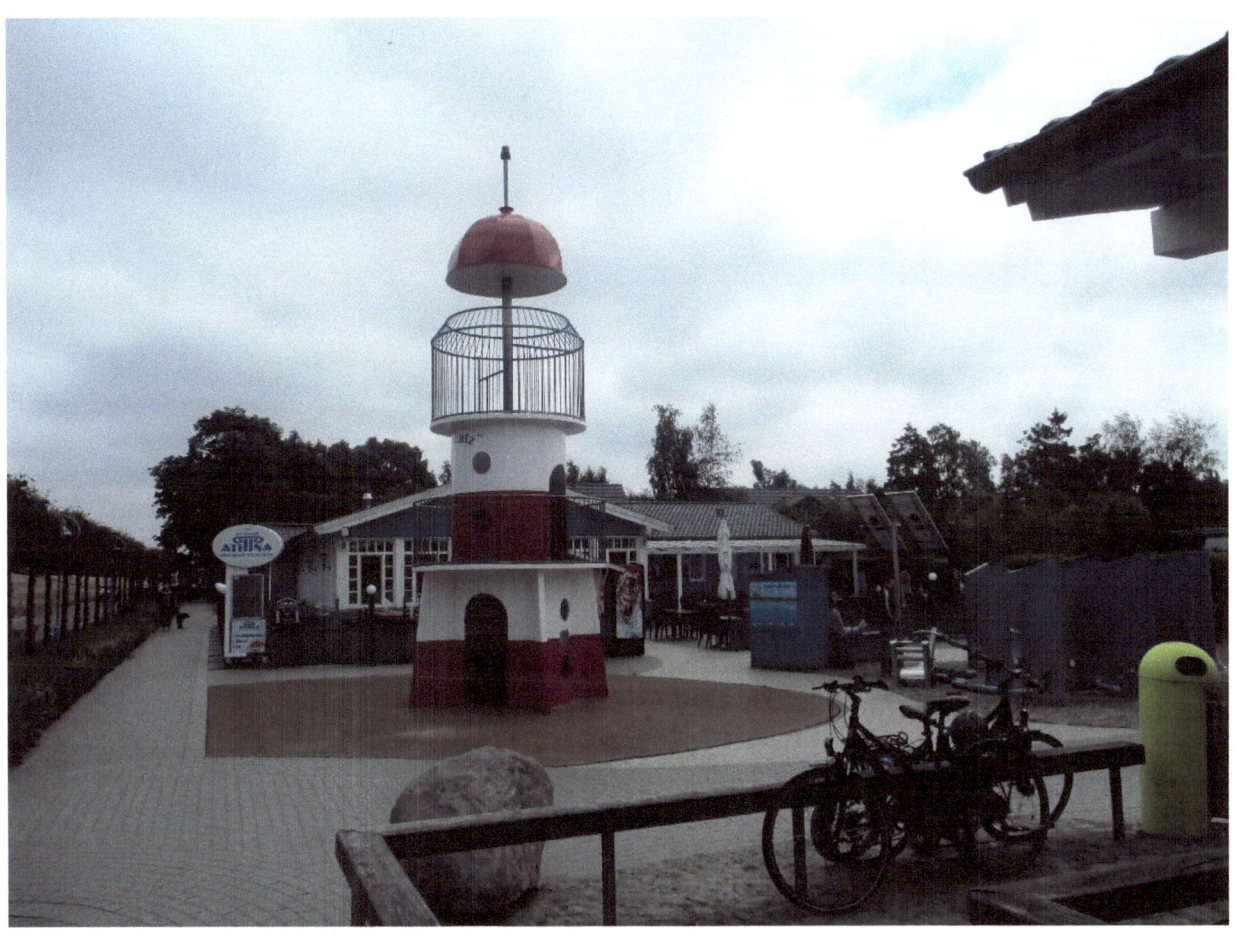
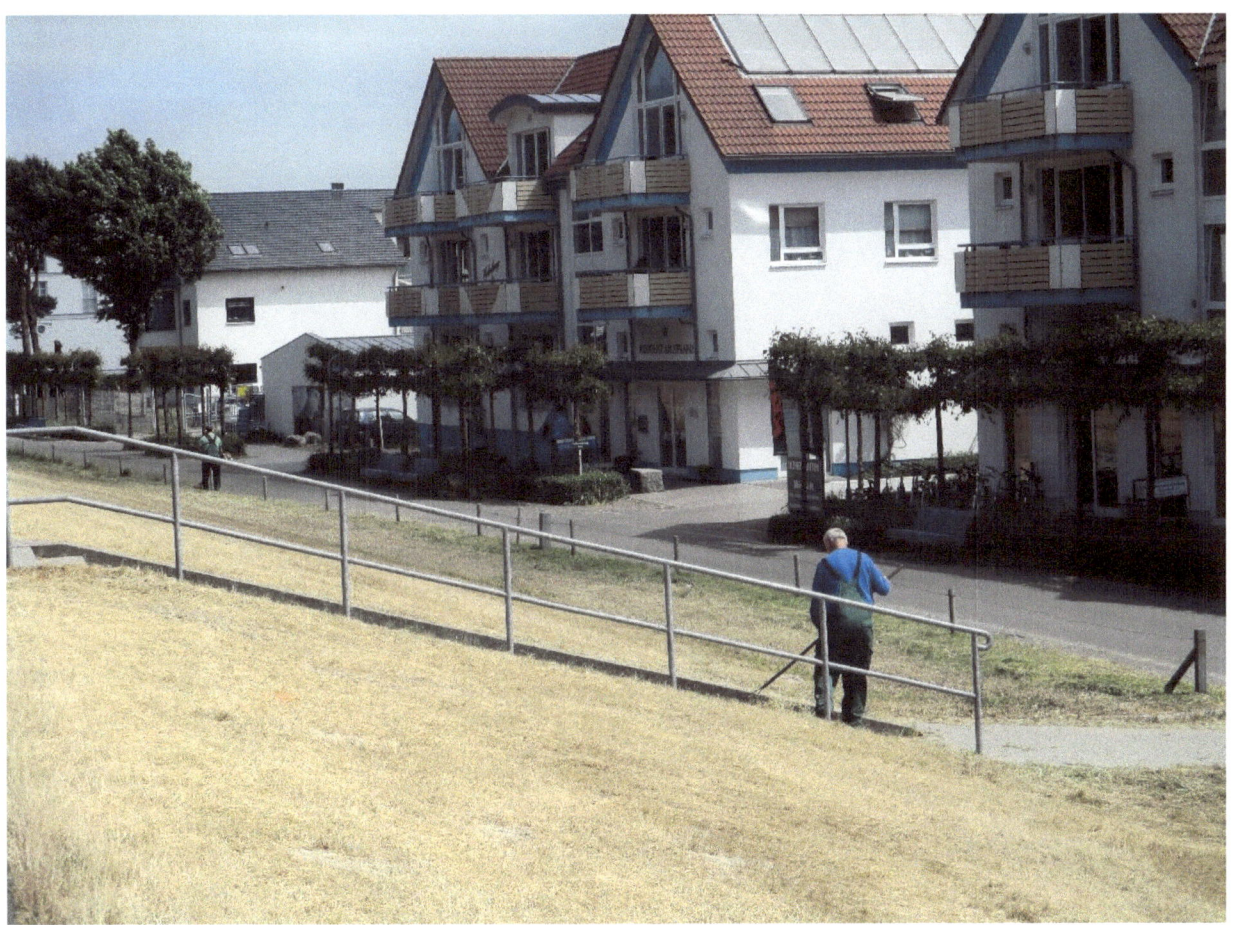

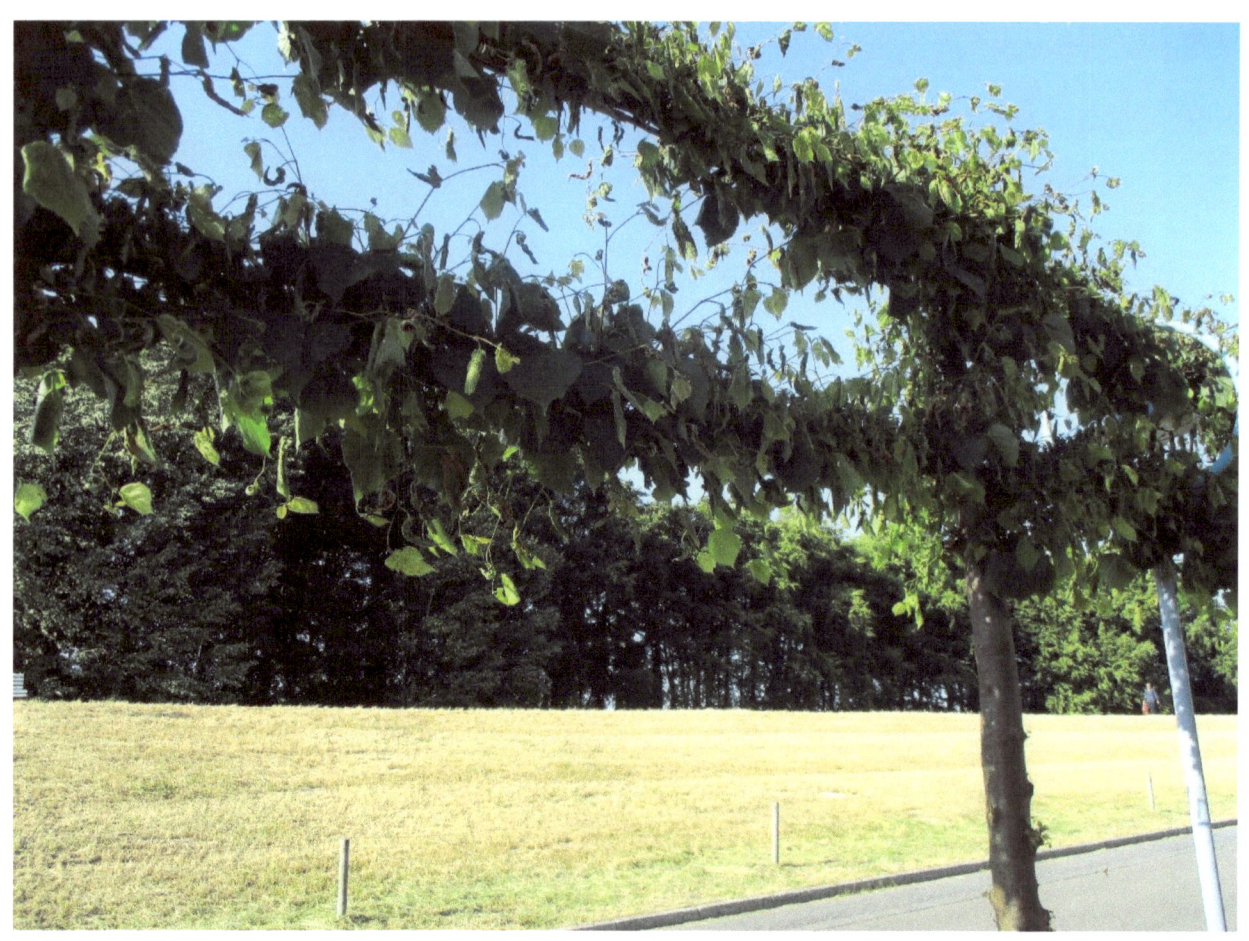
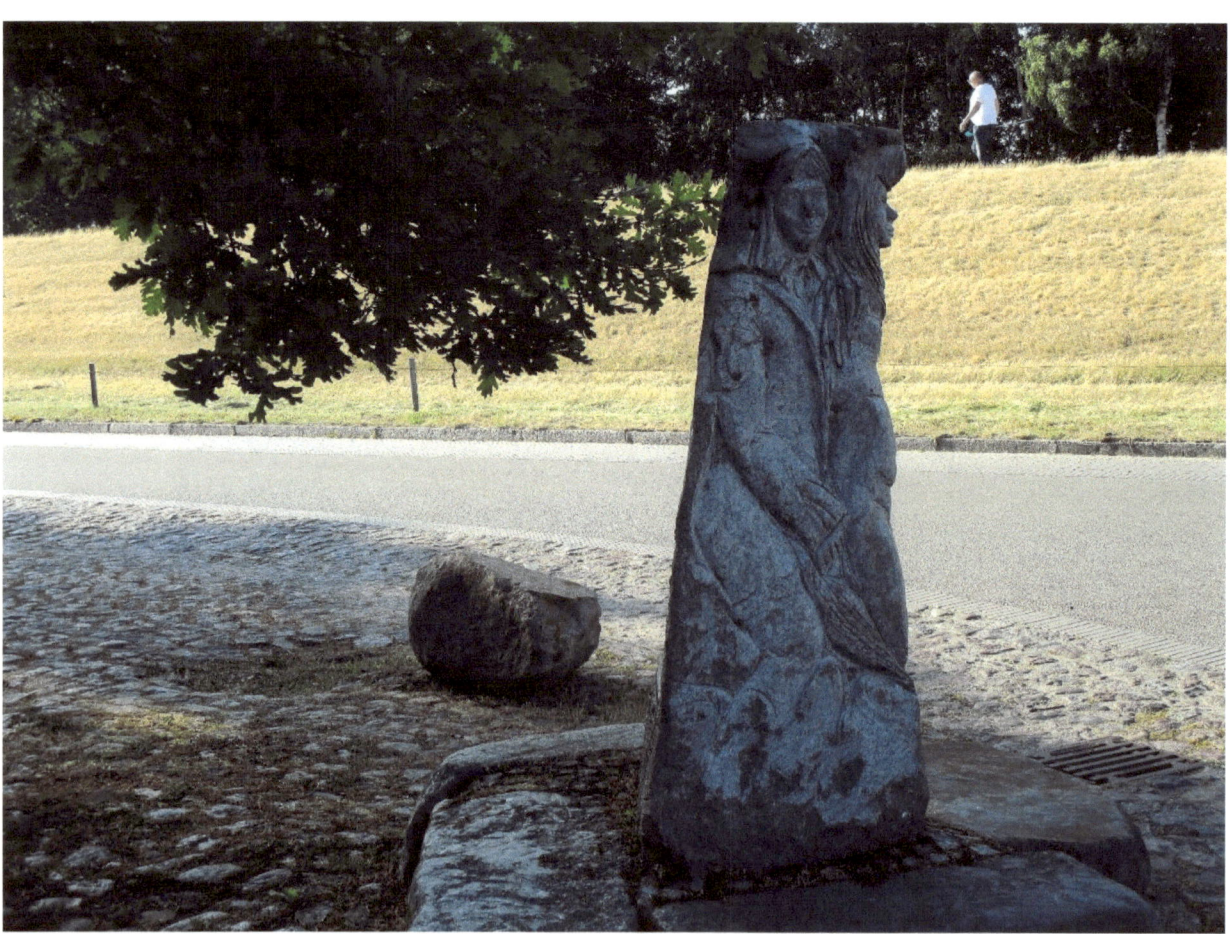

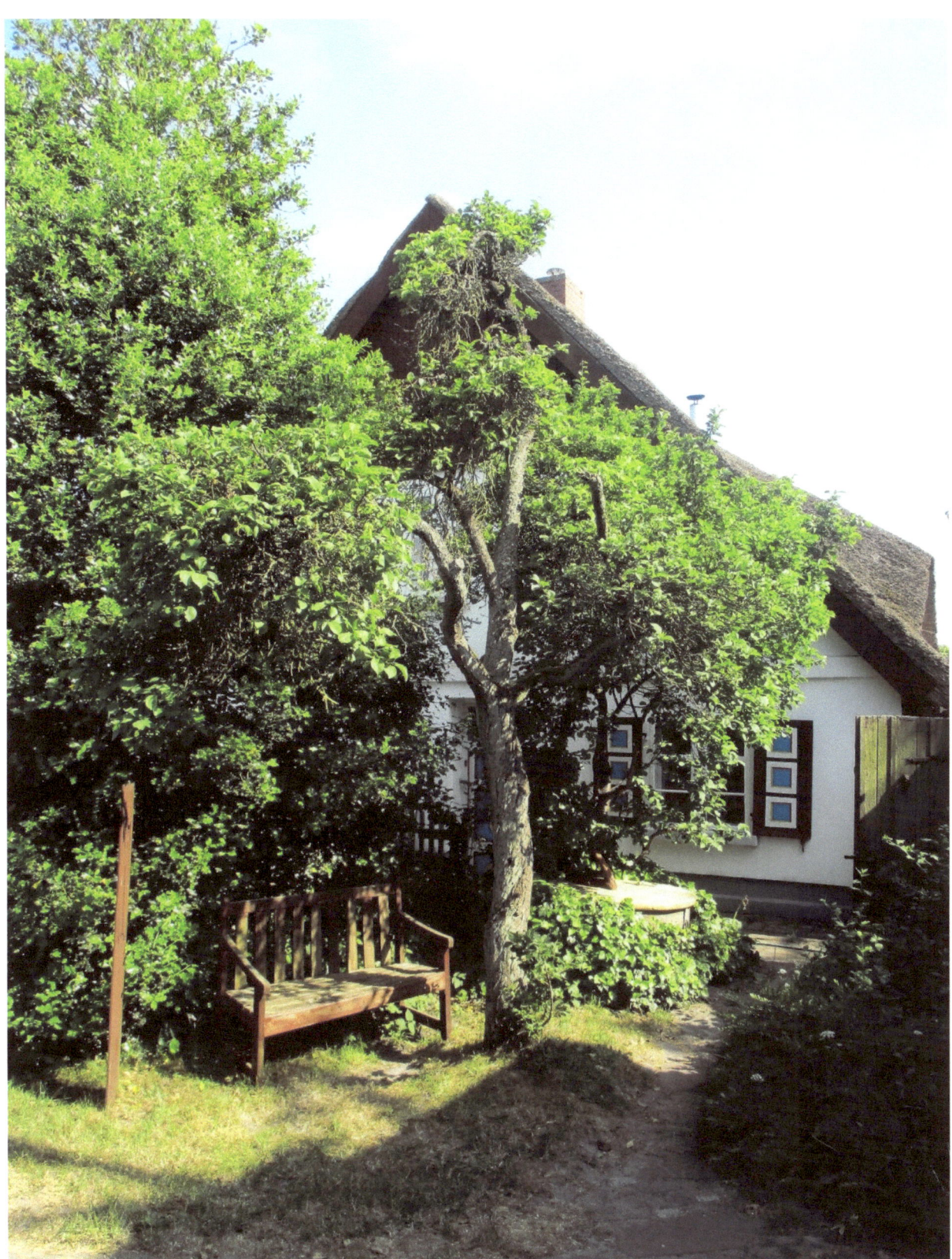

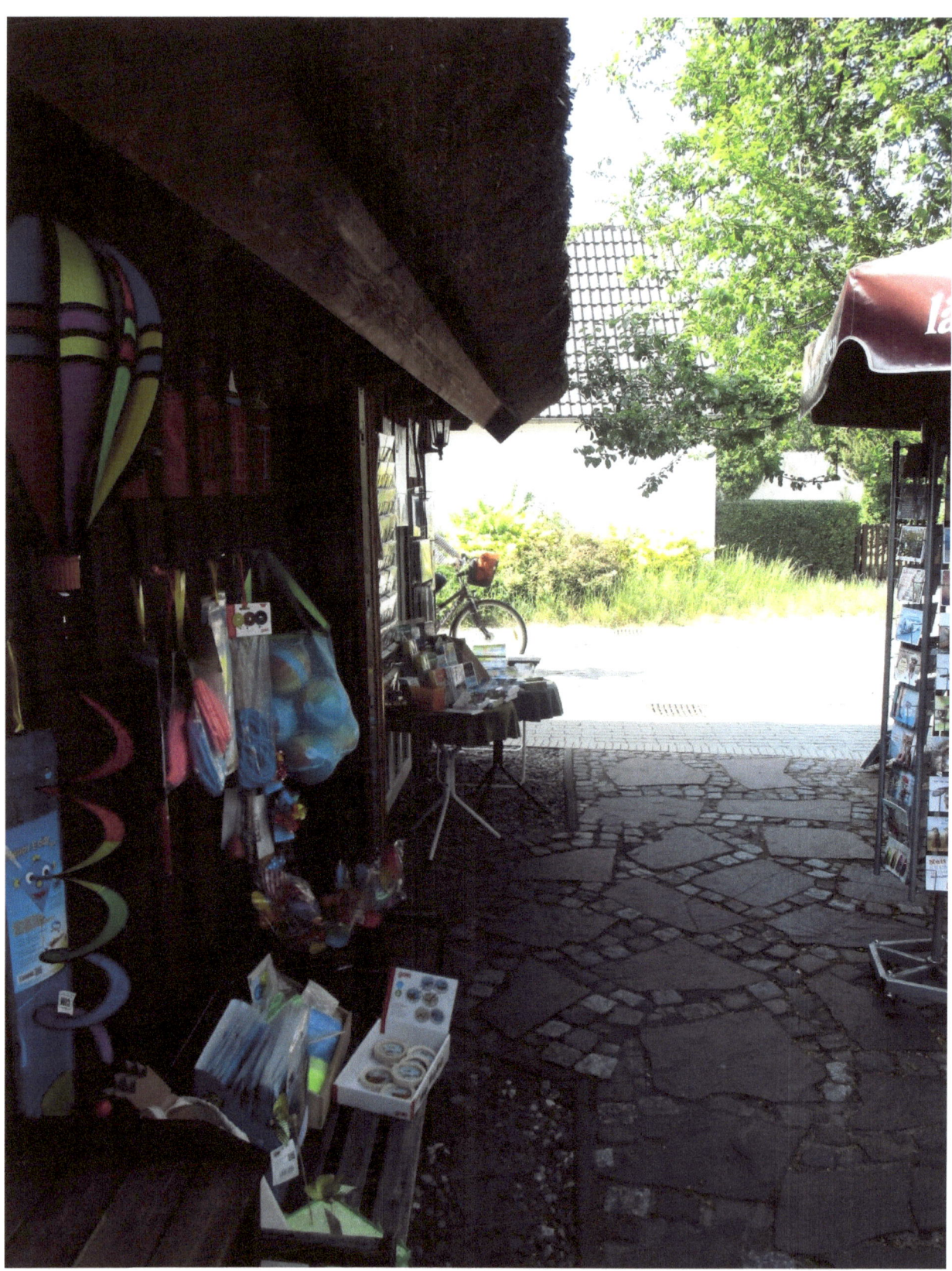

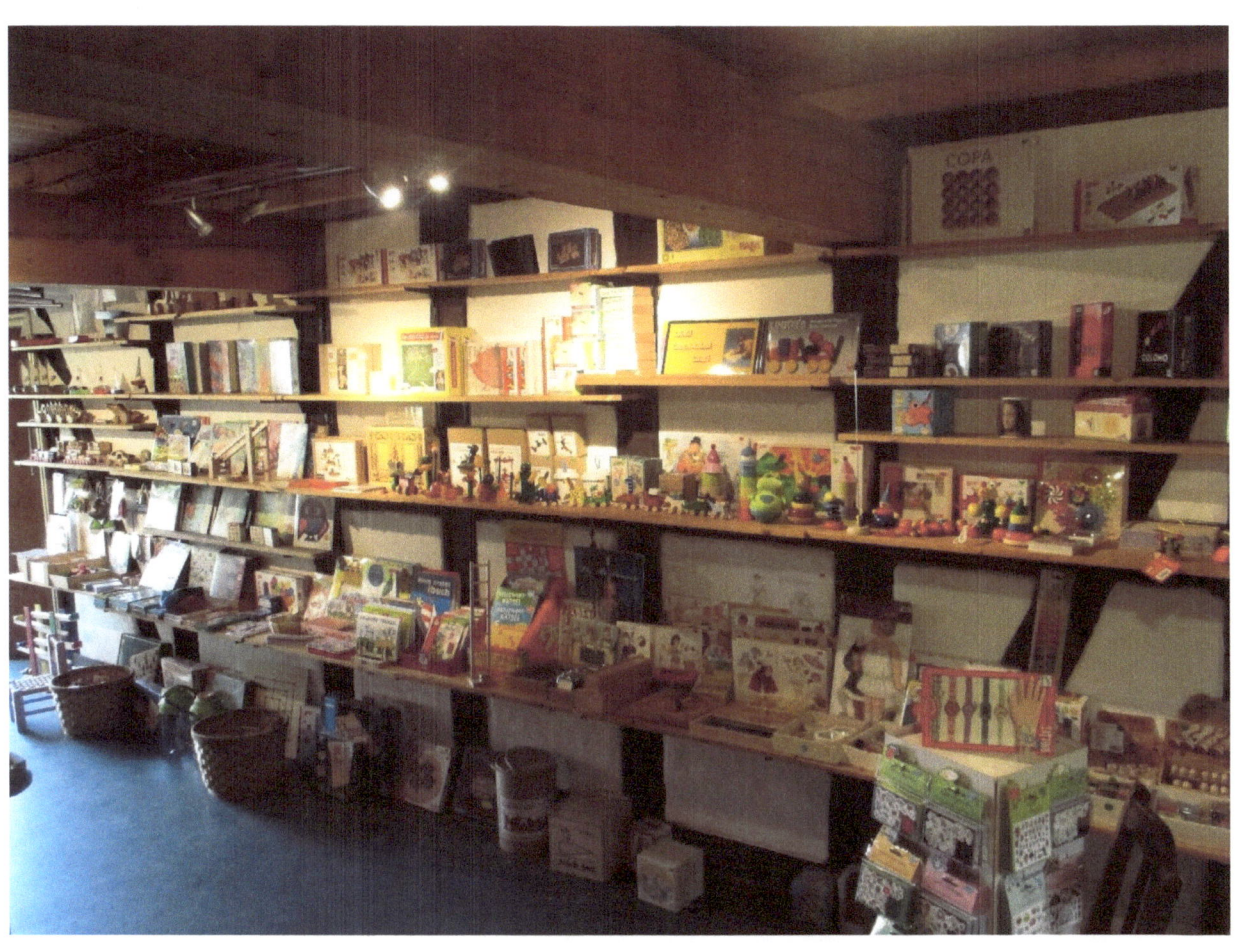

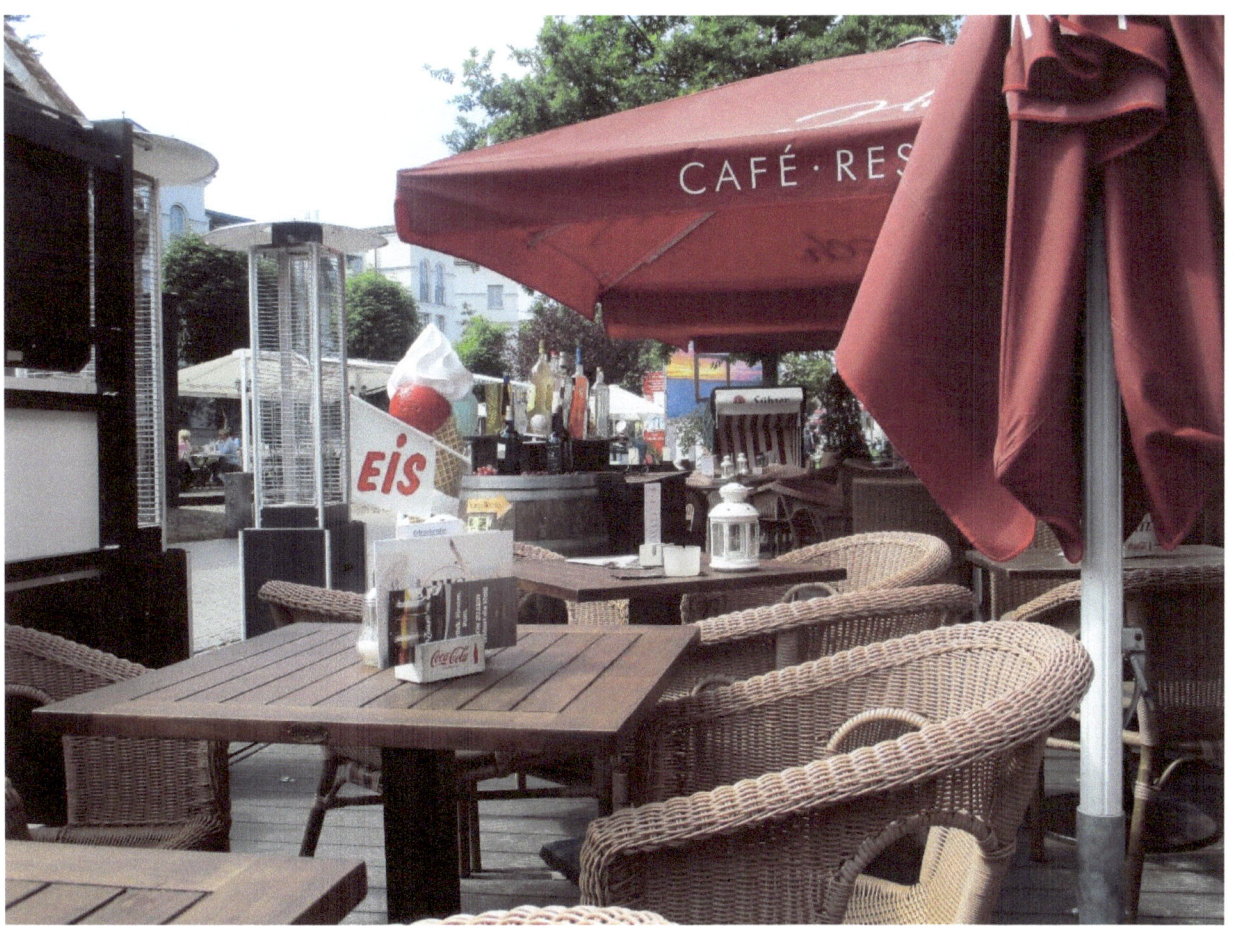

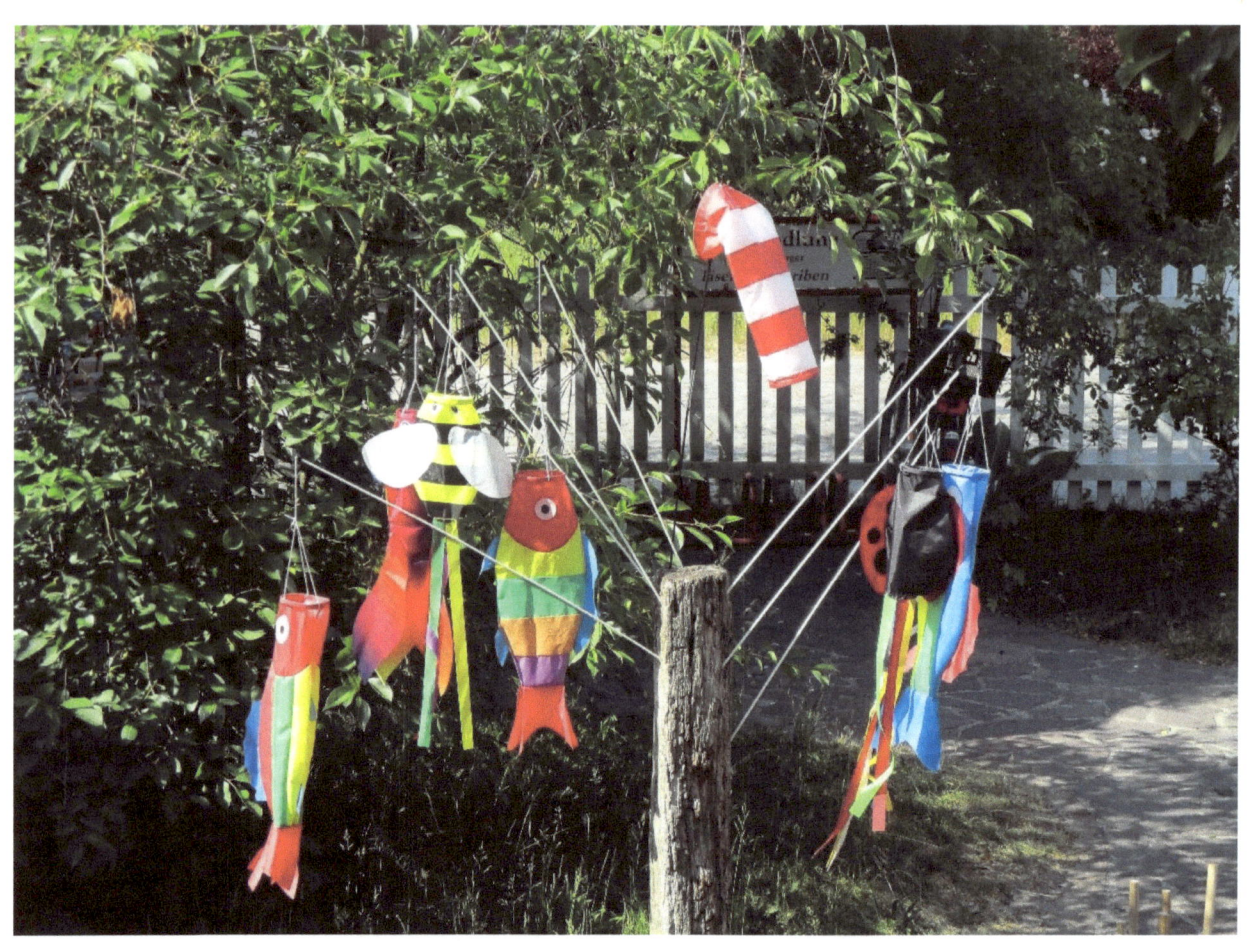
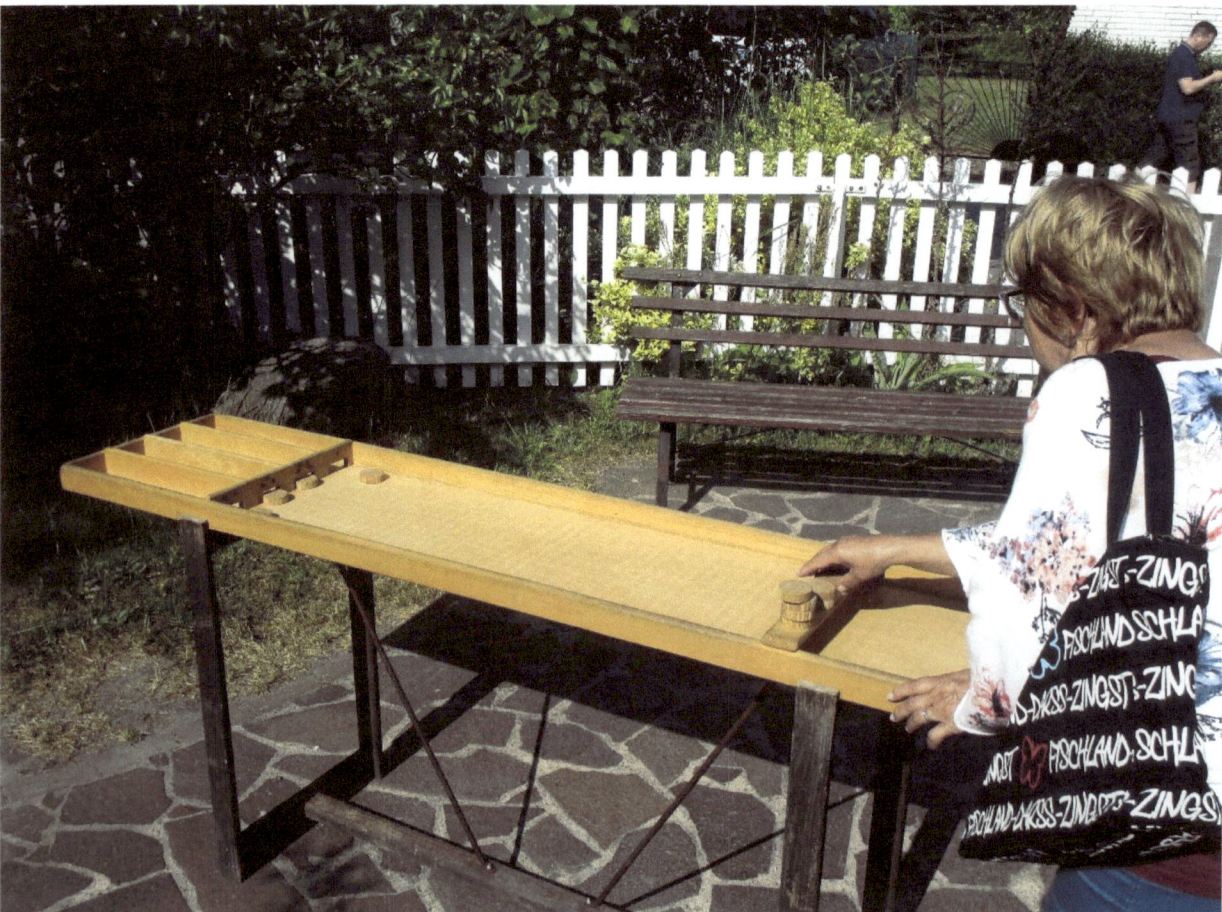

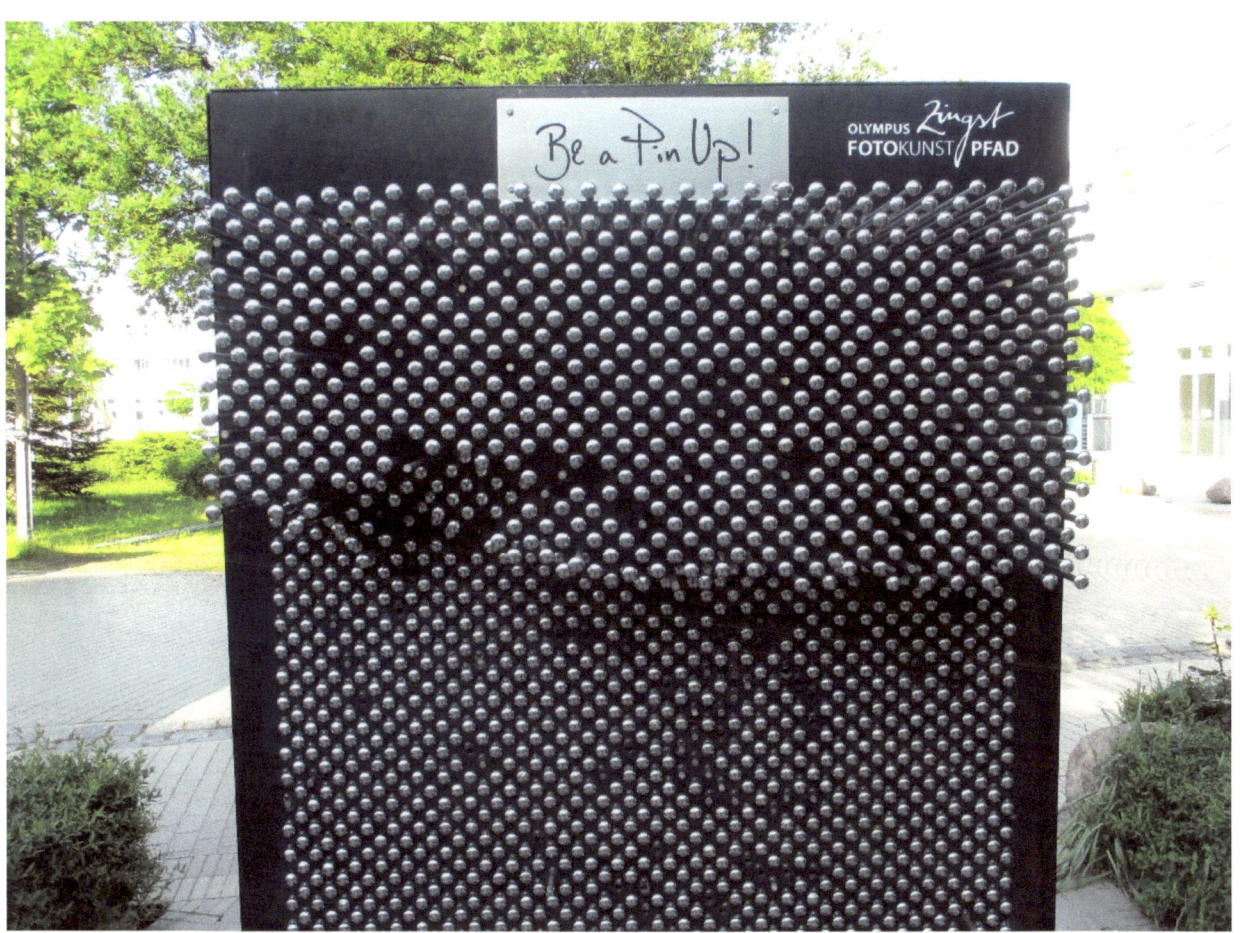
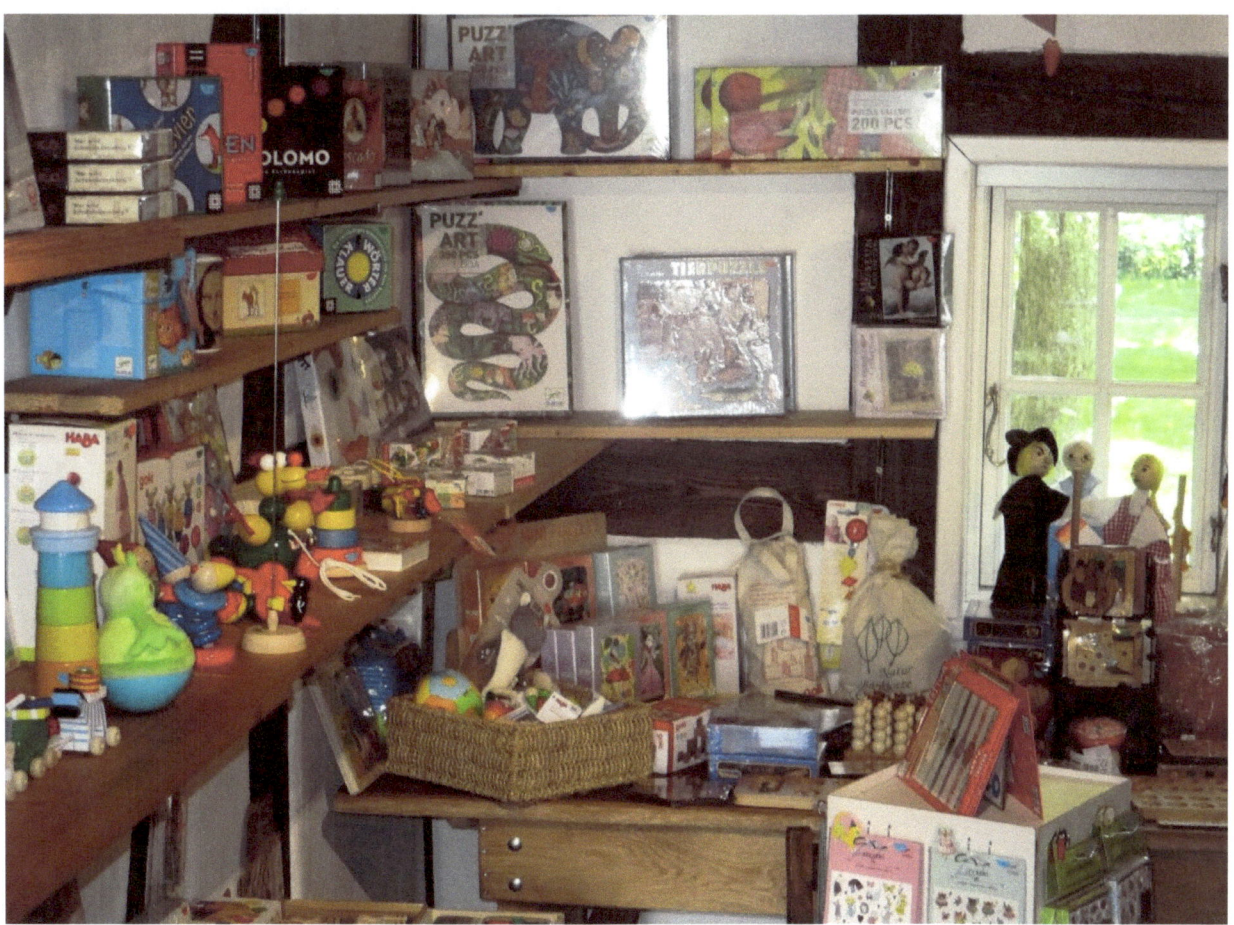

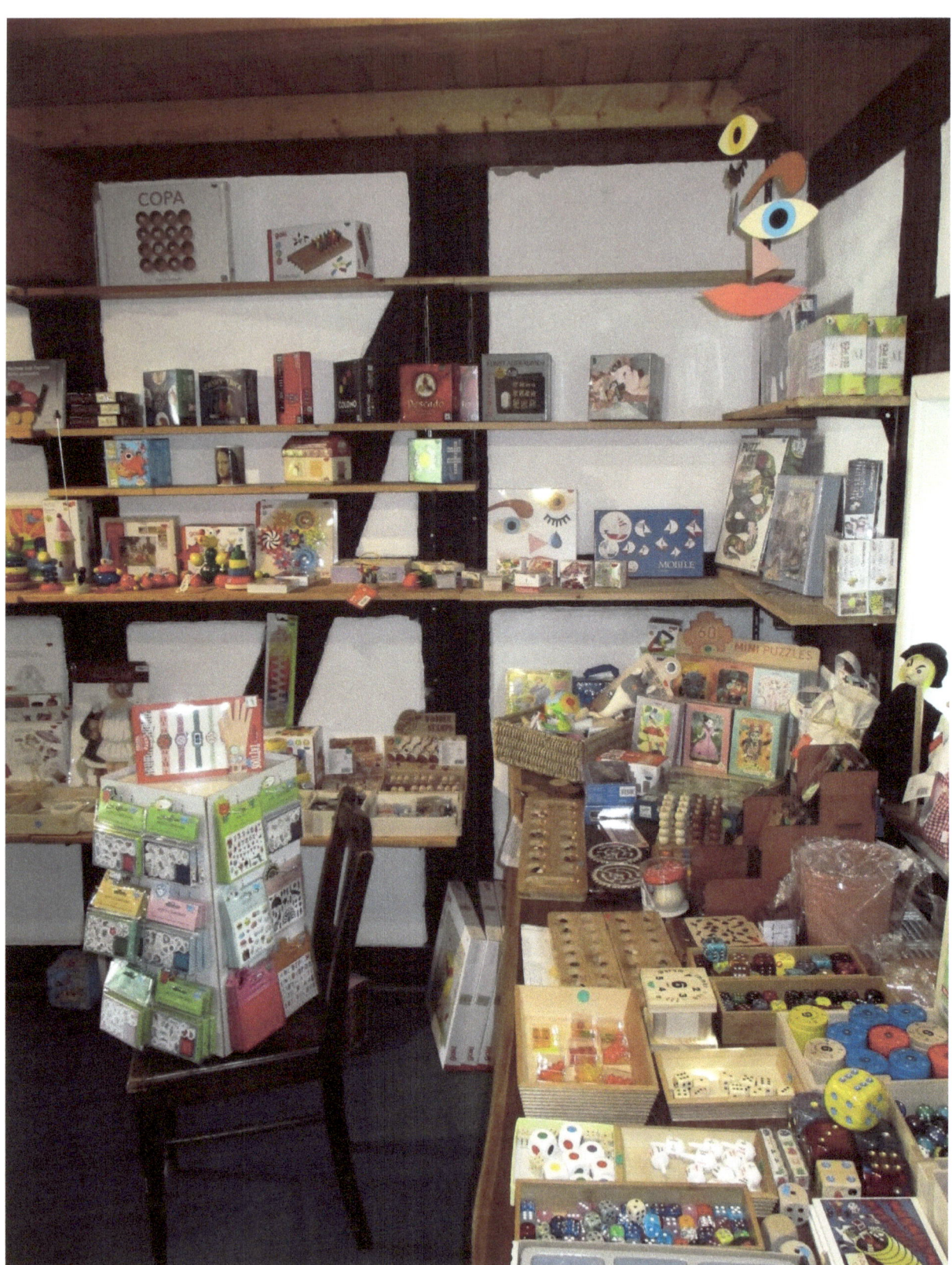

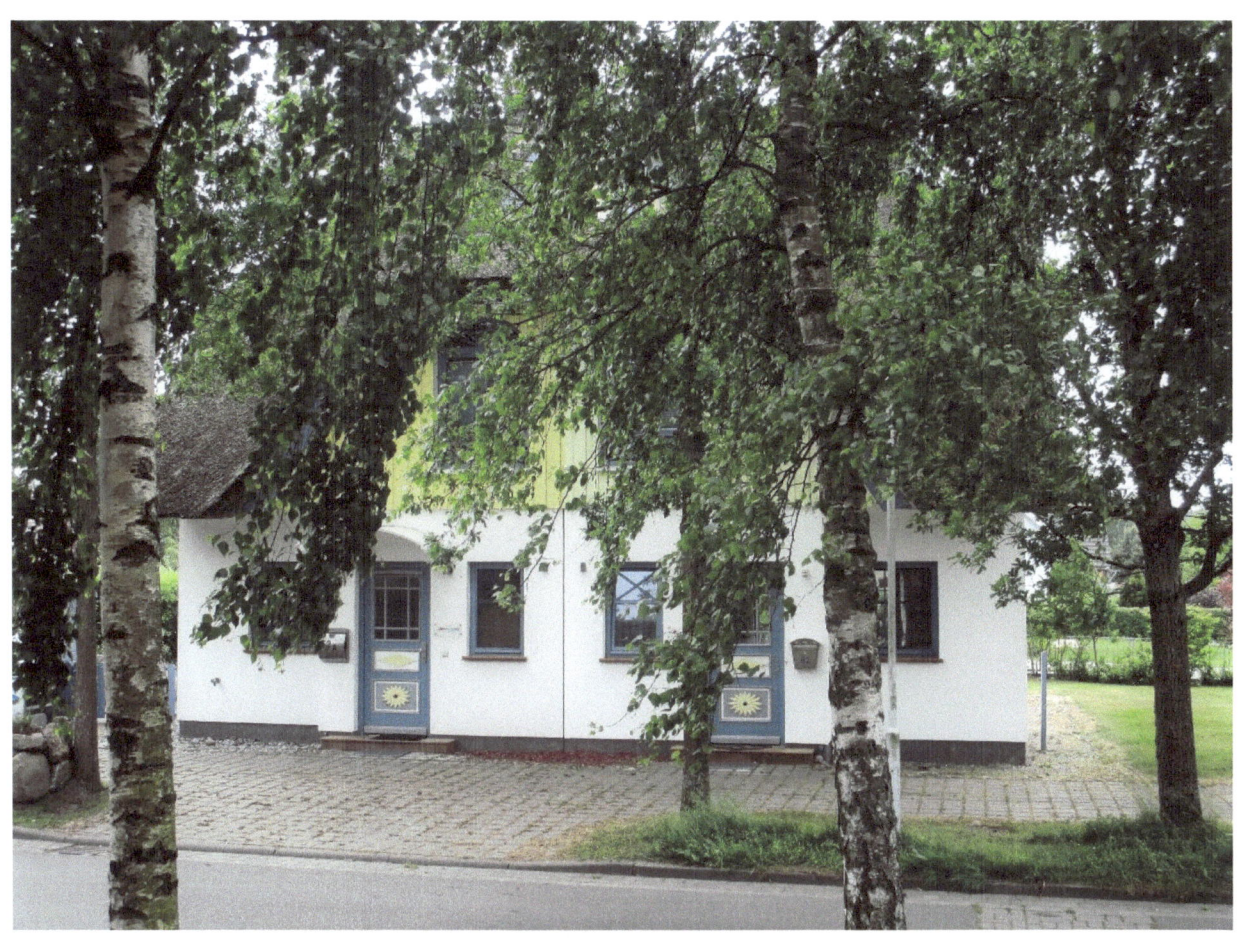
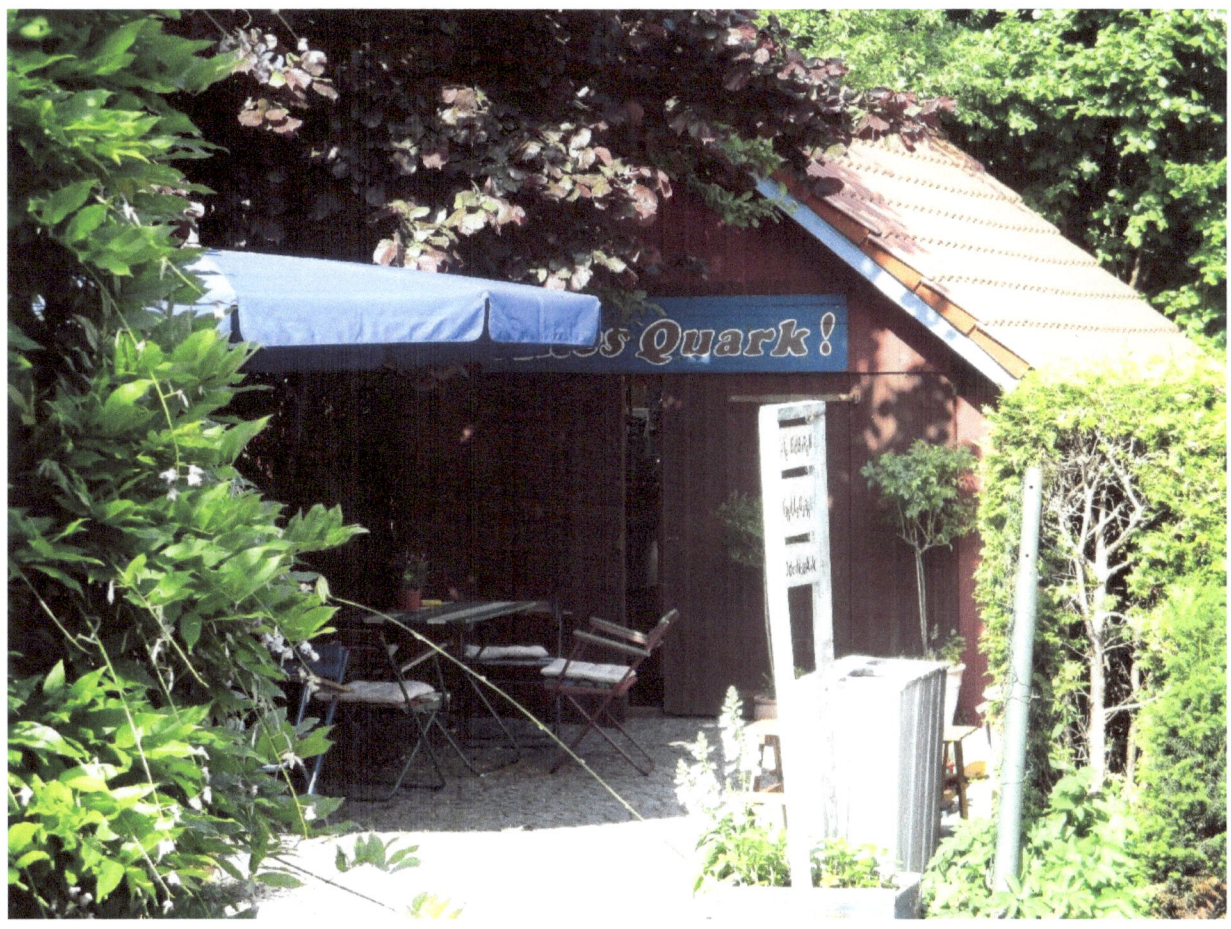

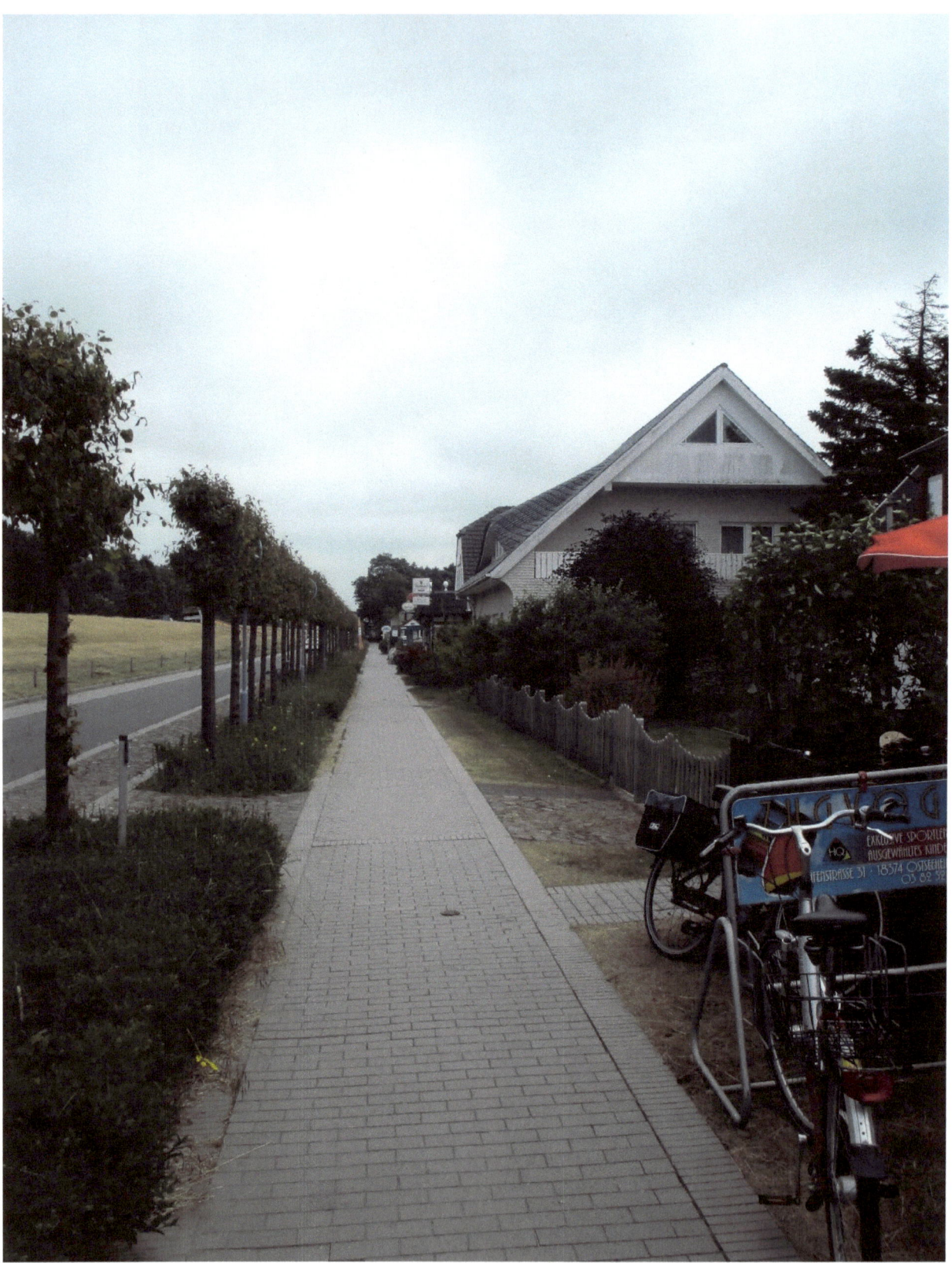

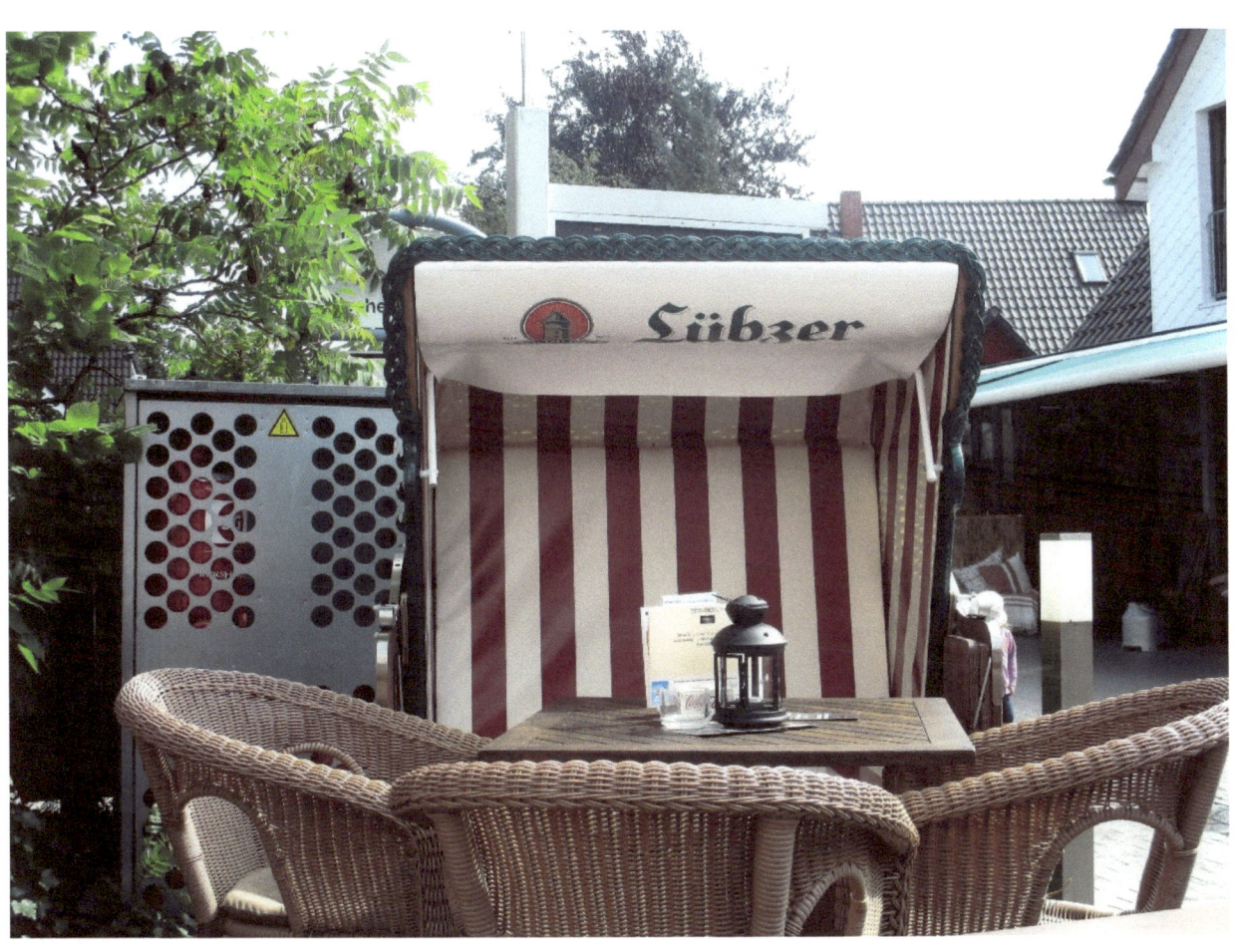

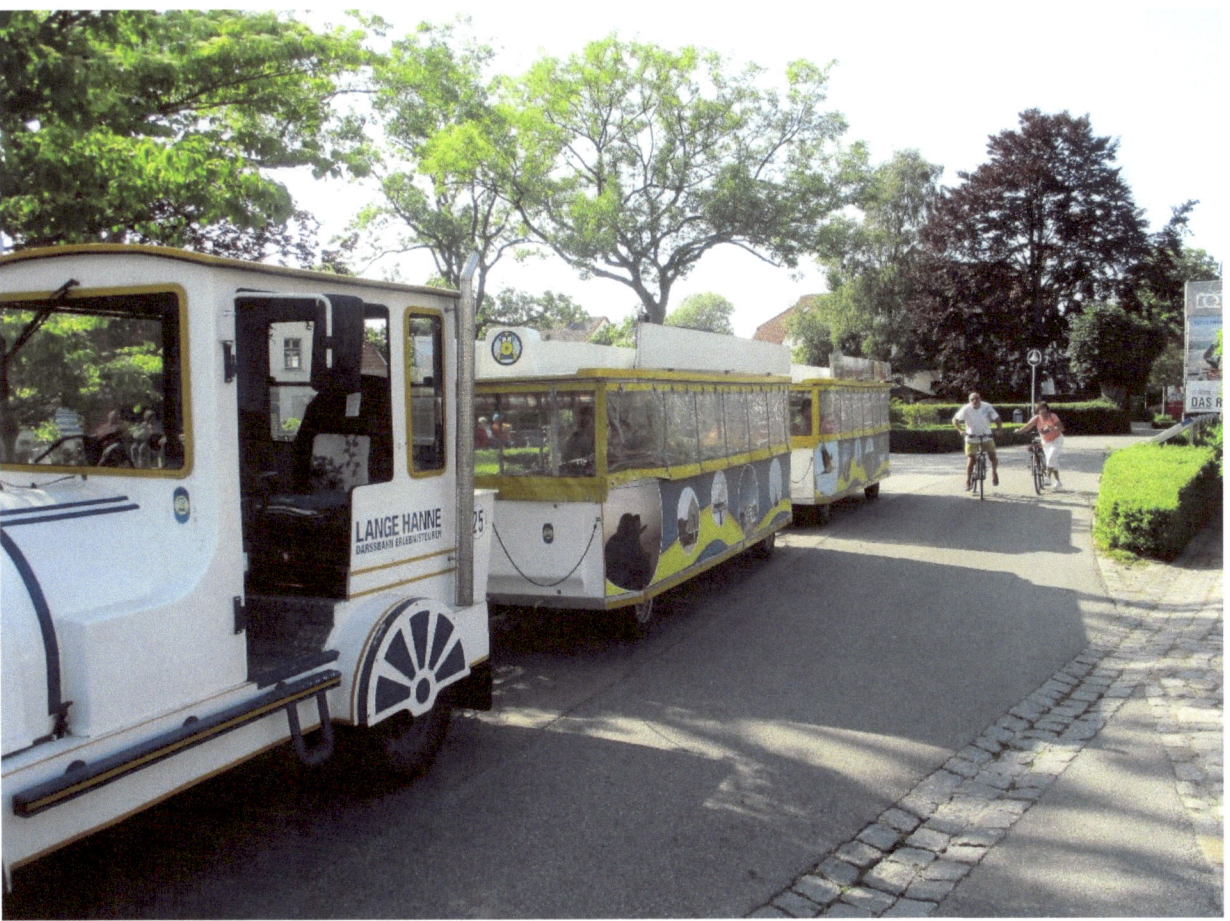

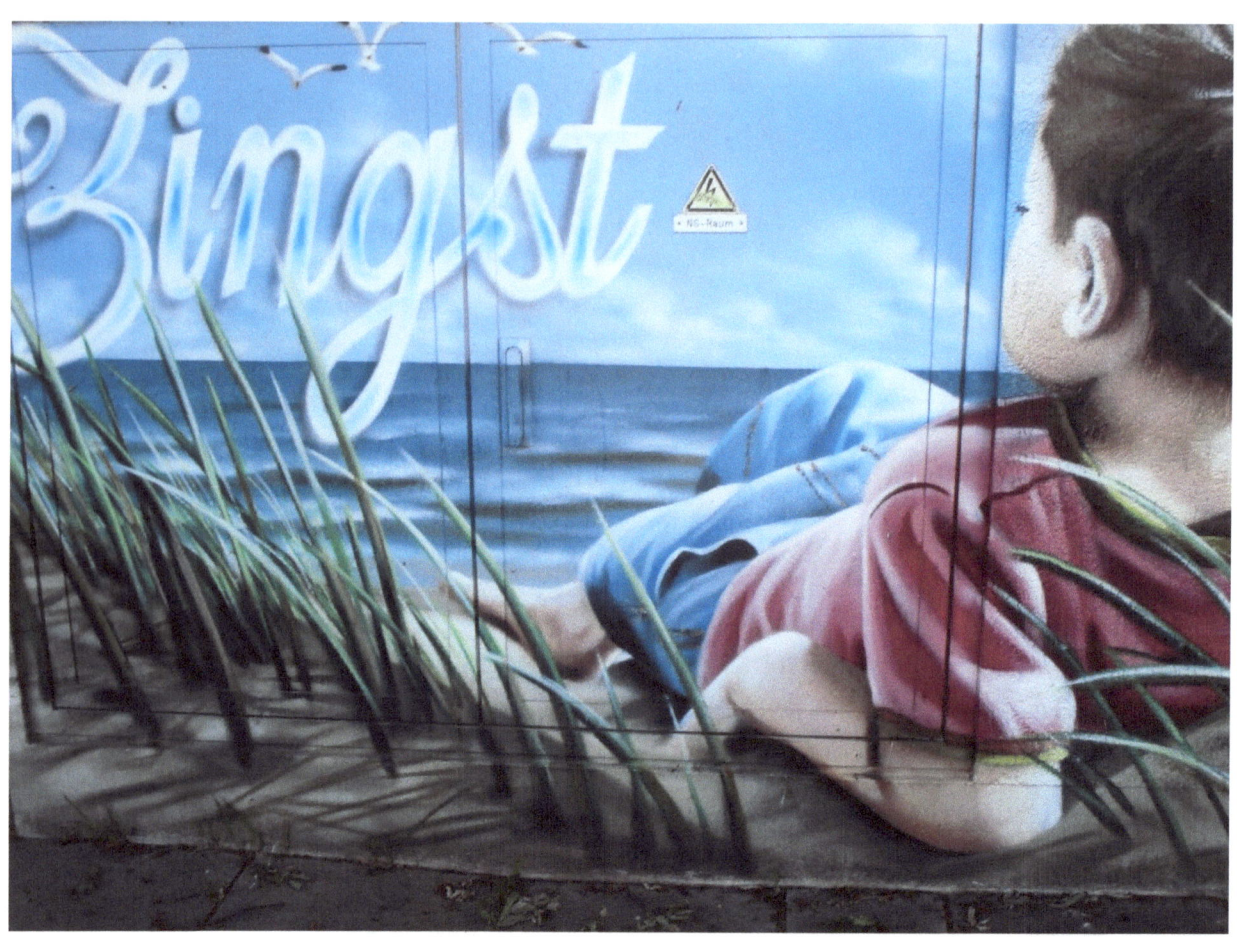

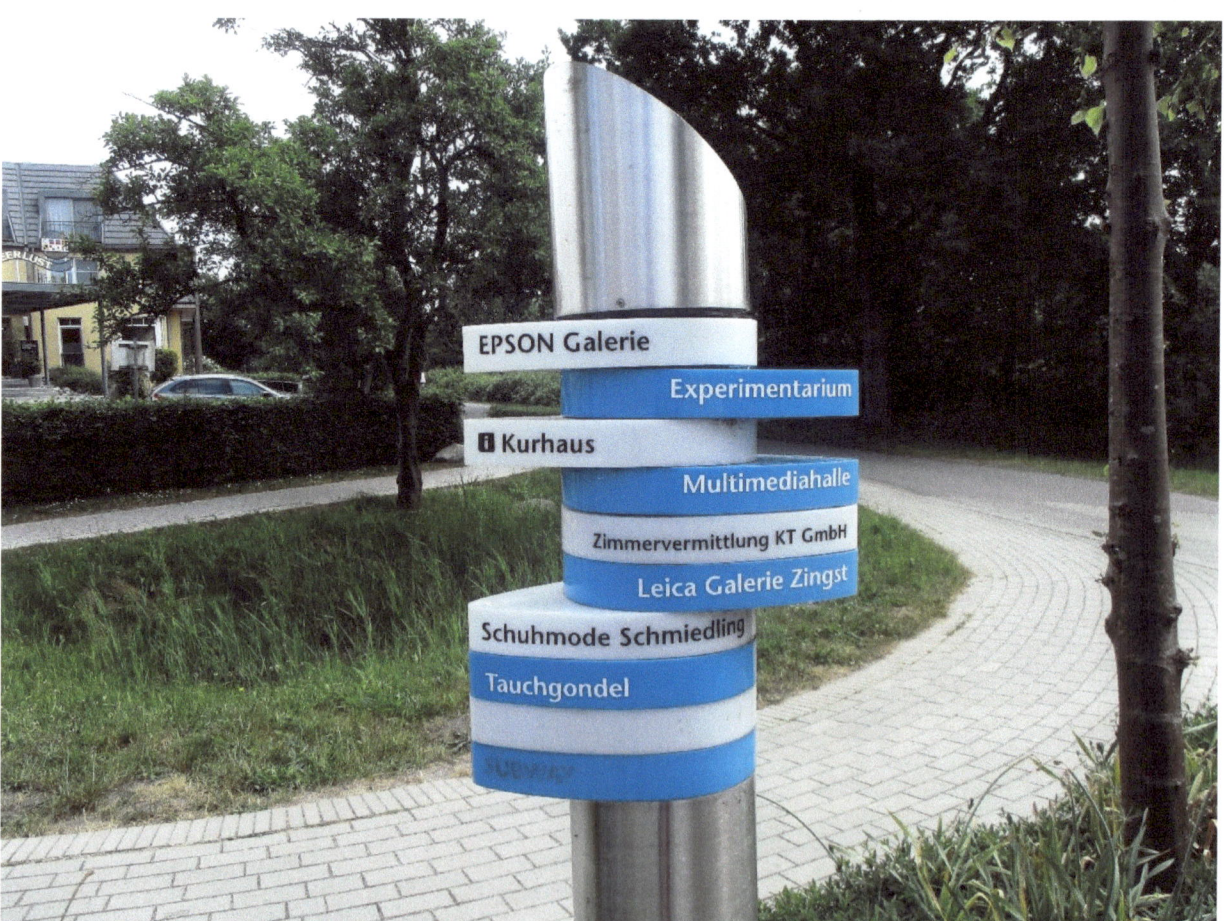

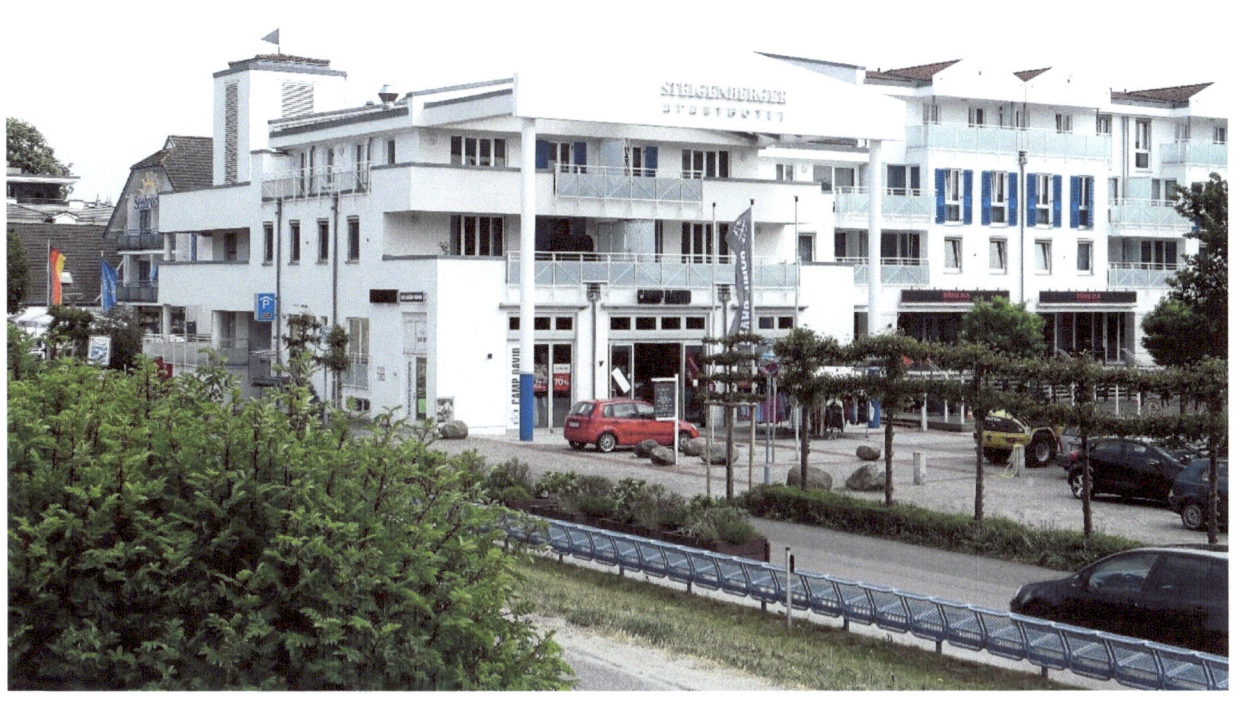

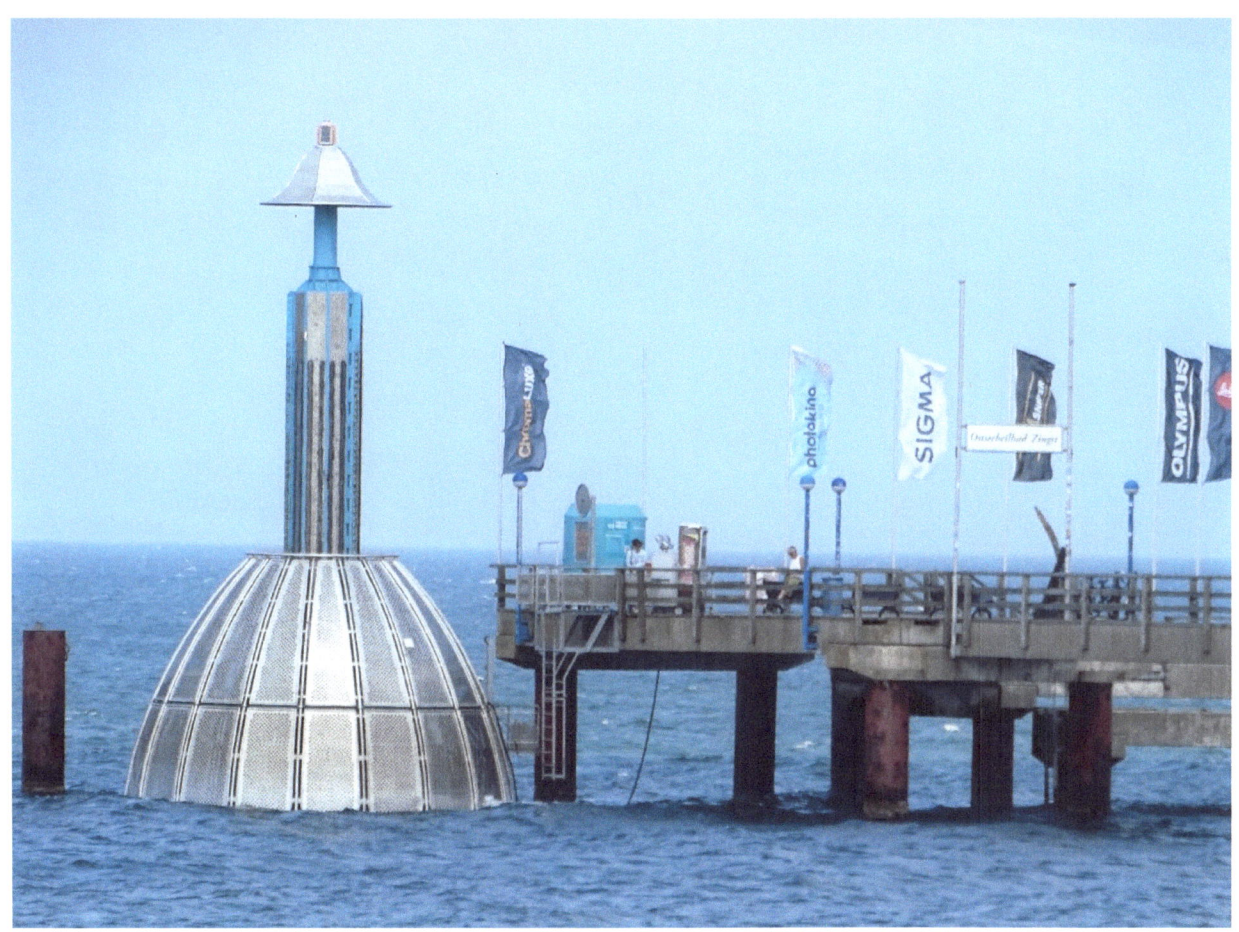

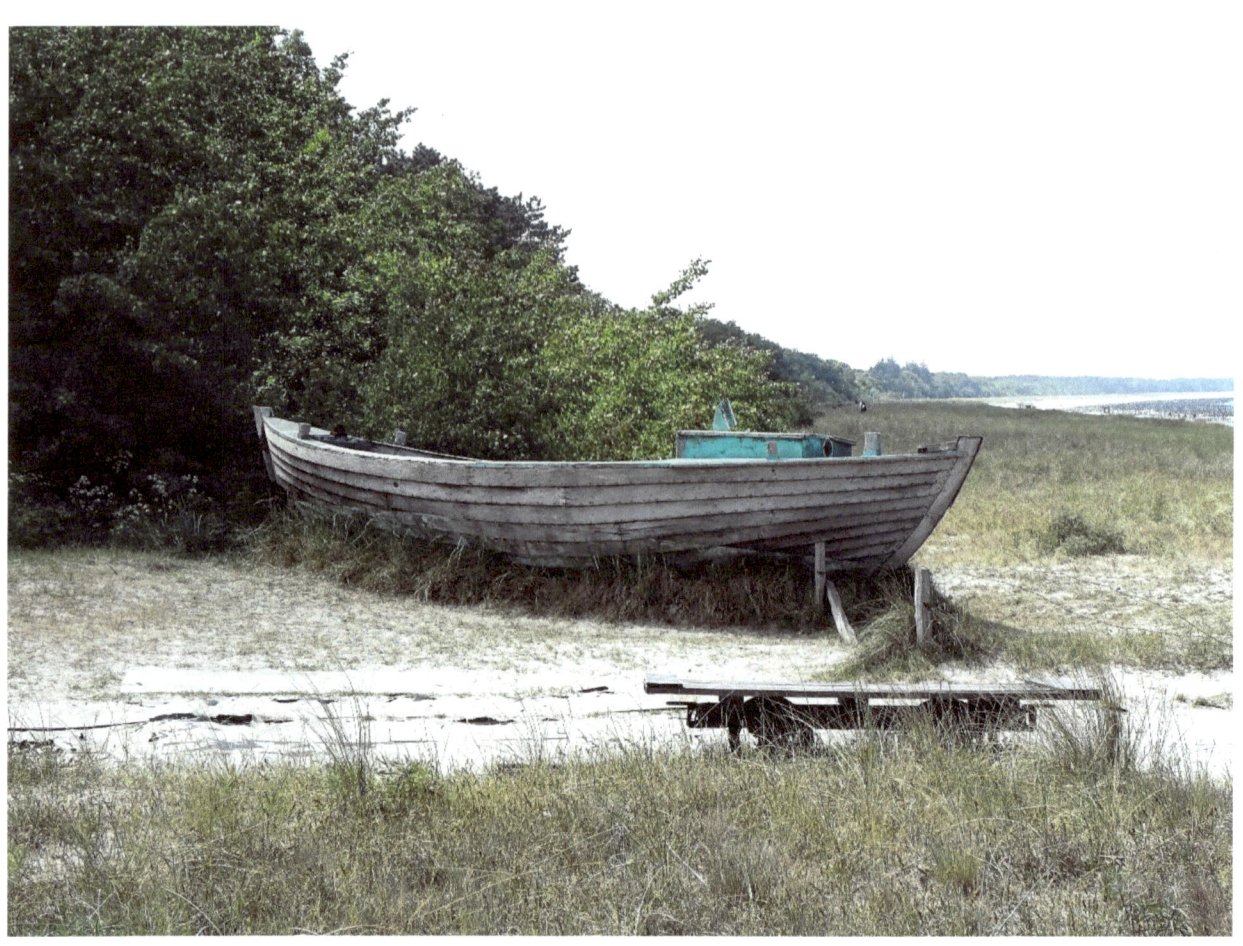
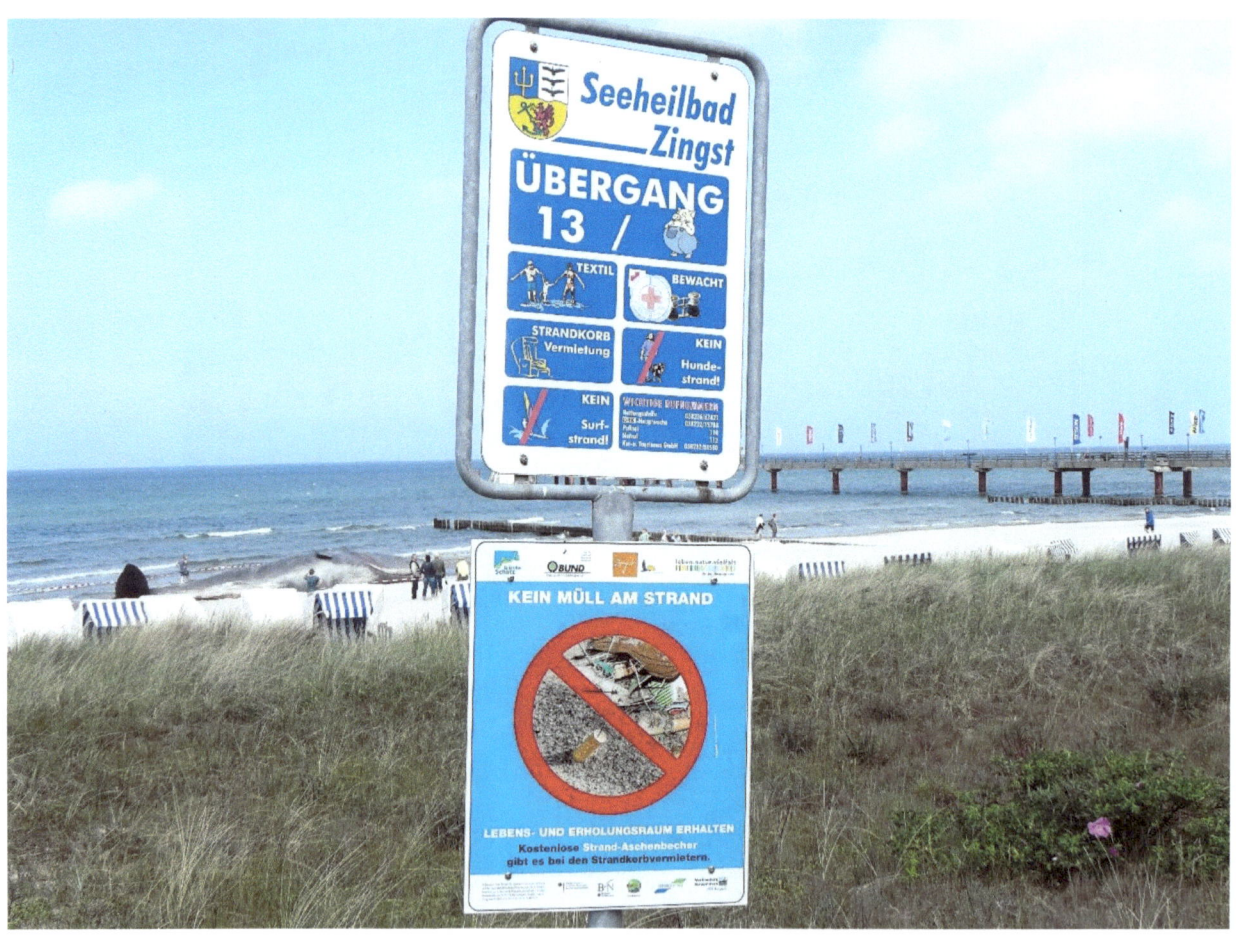

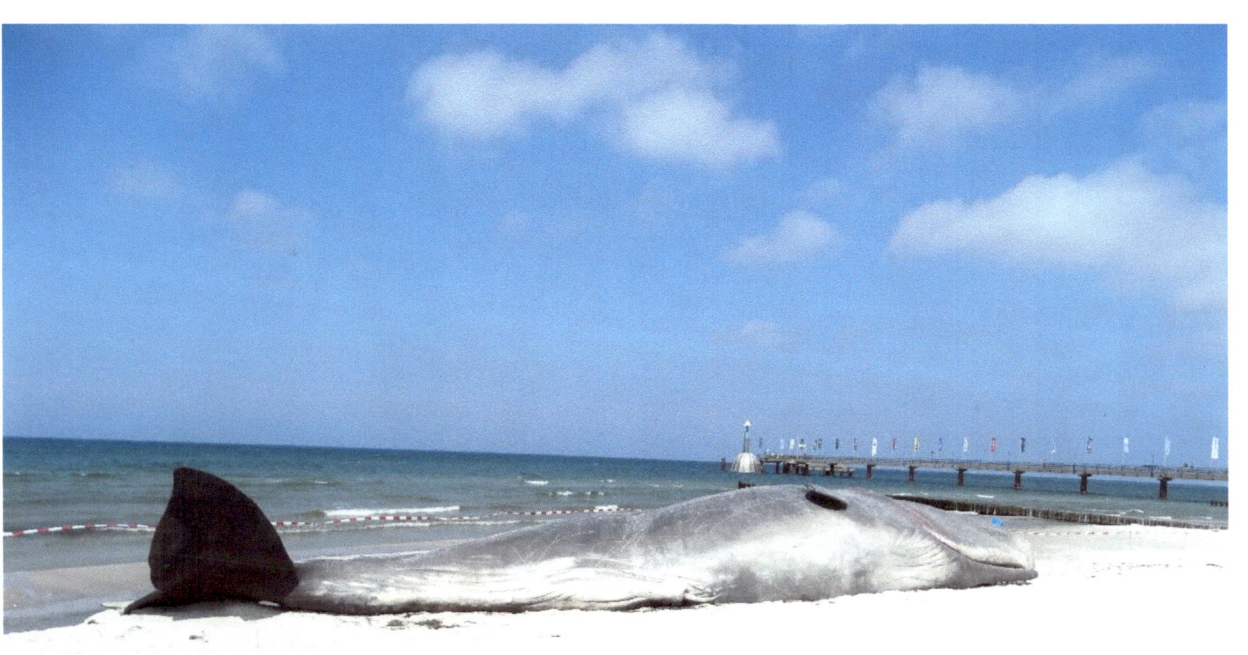

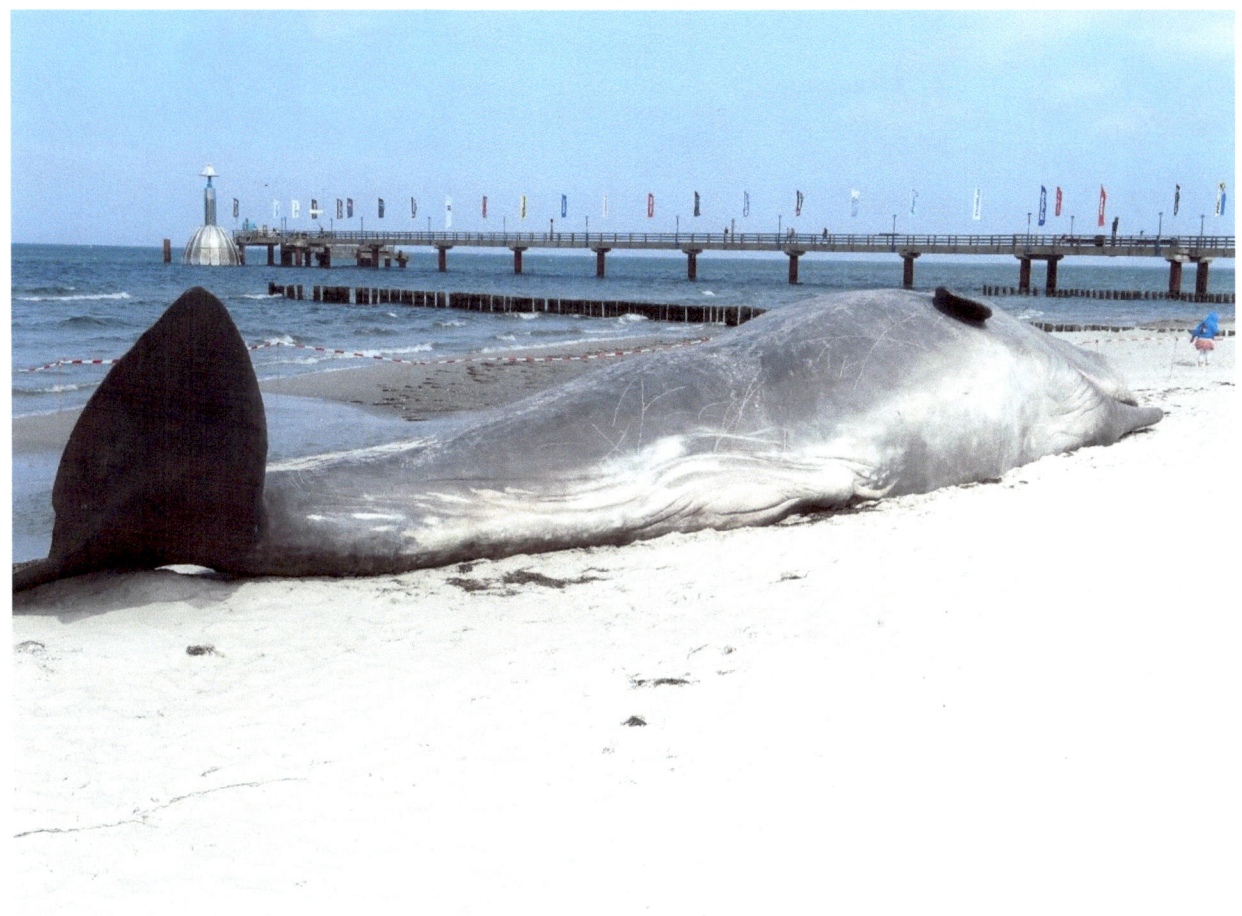

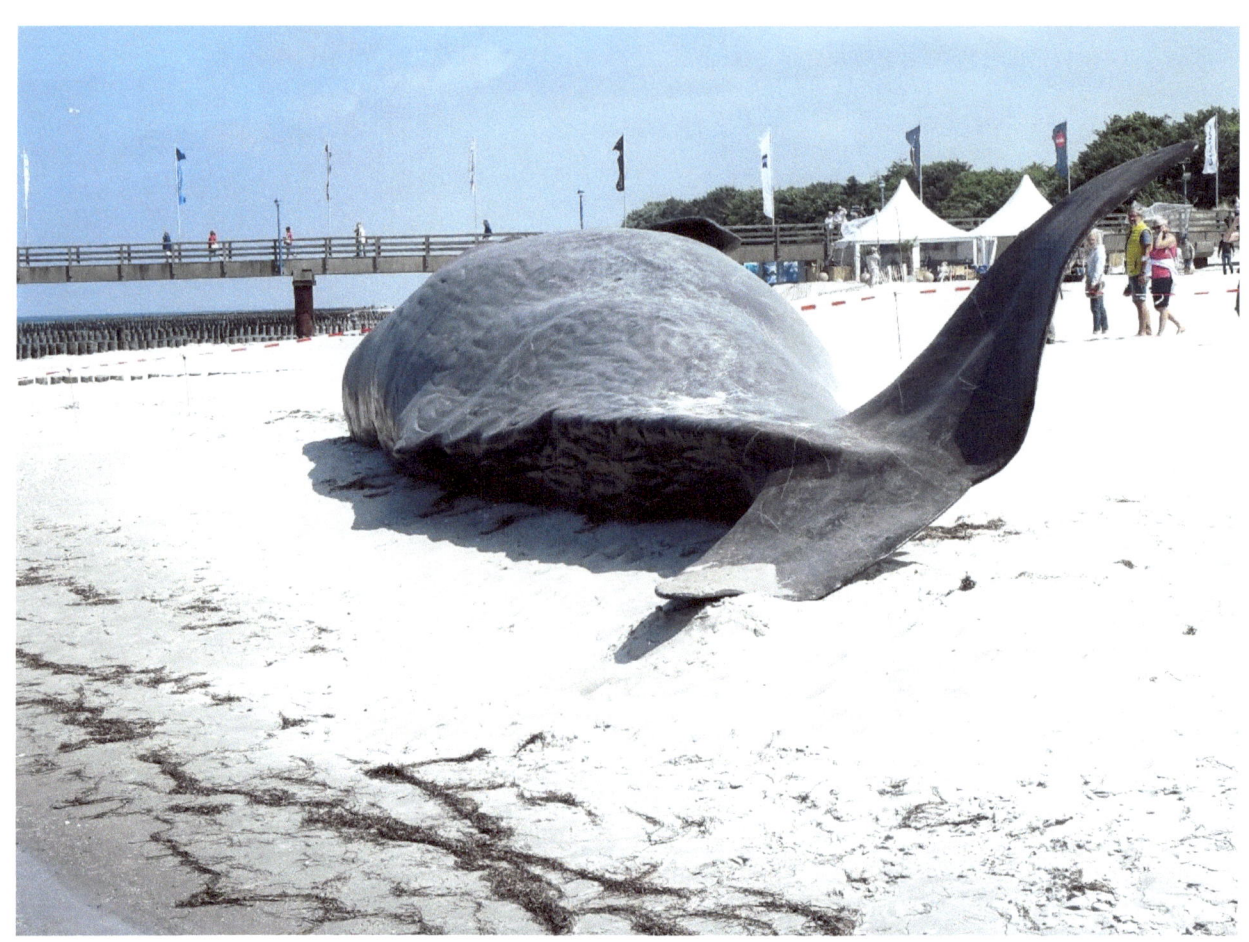
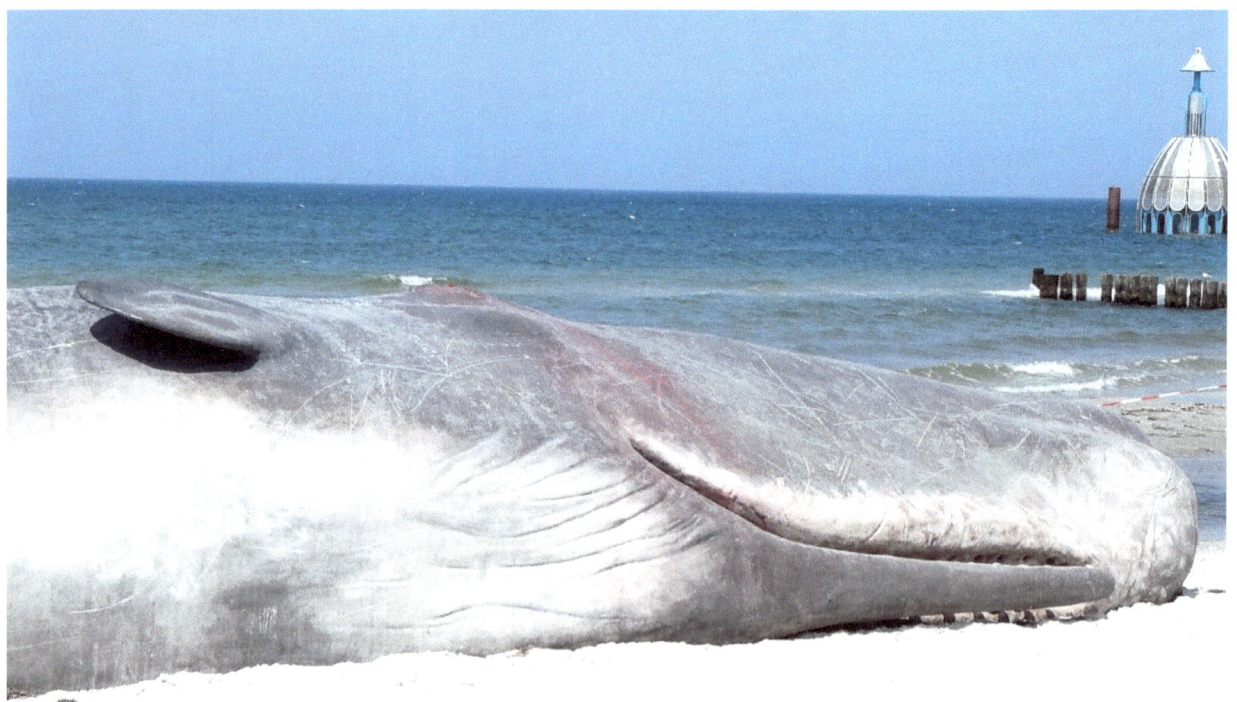

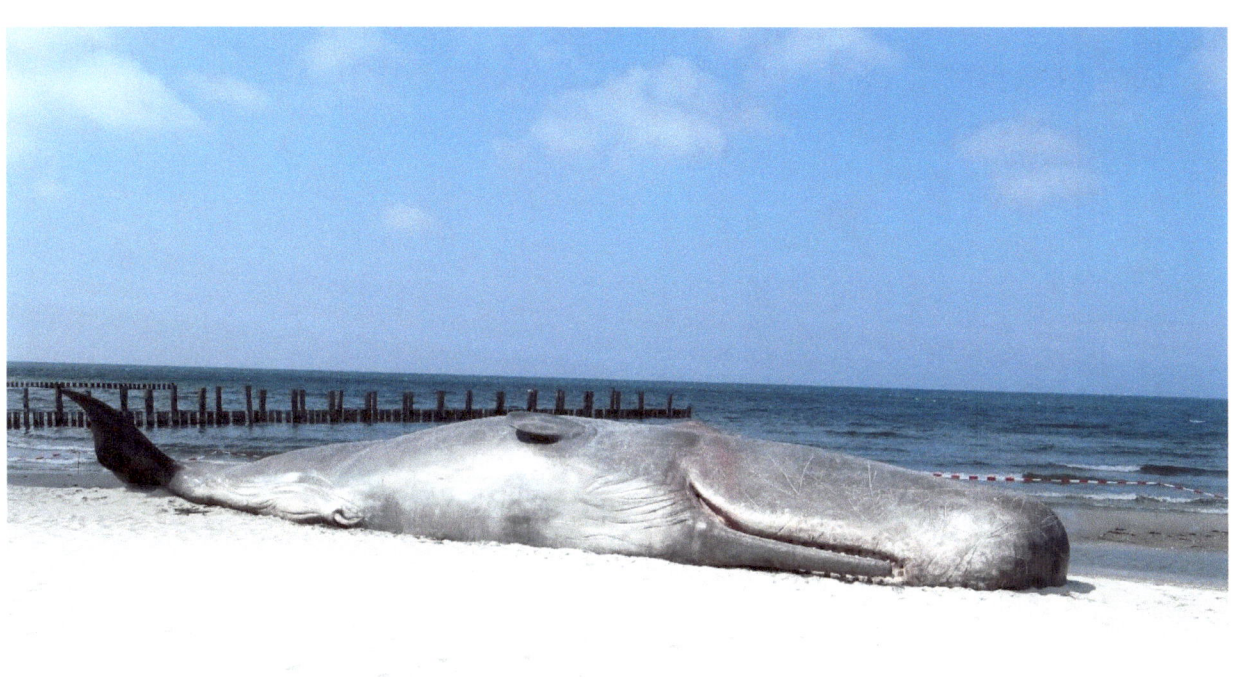

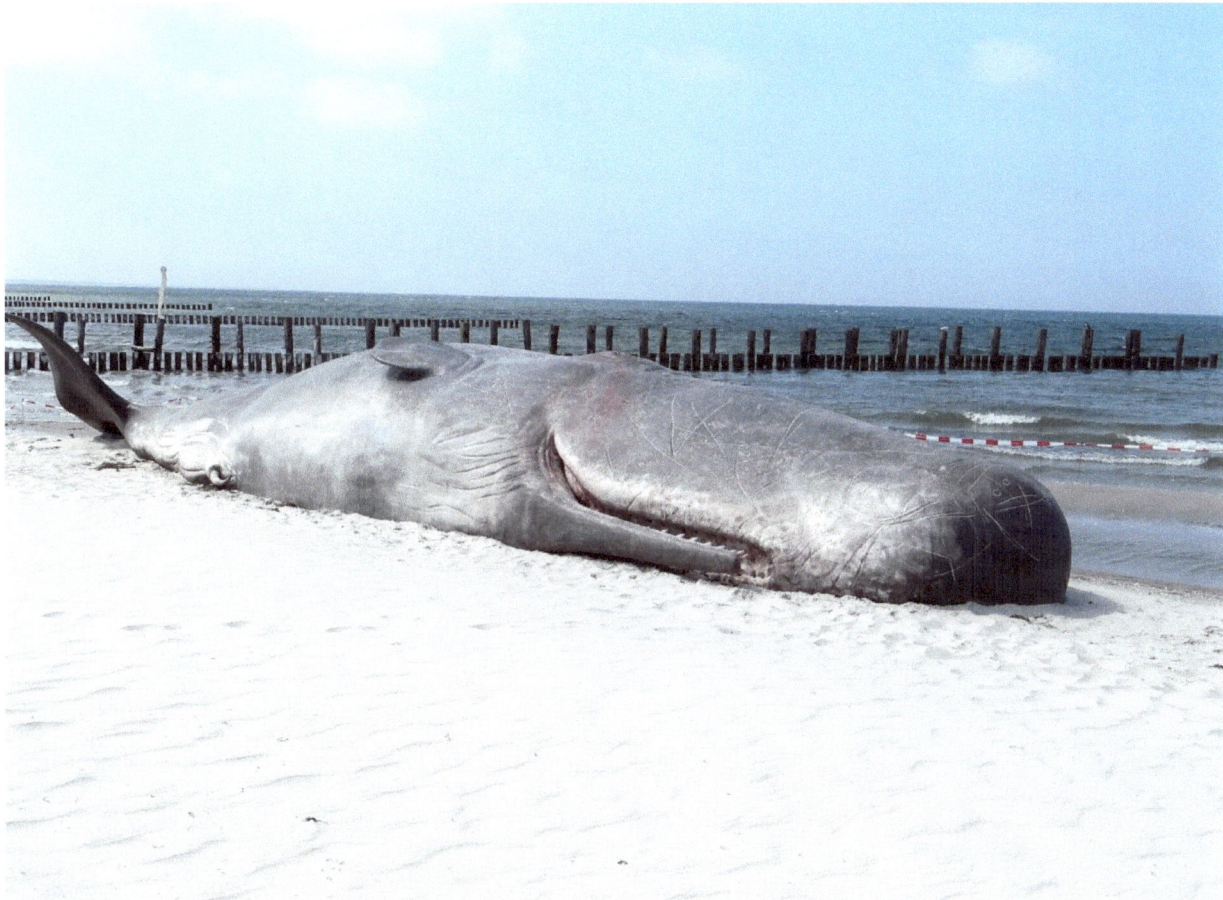

Erklärung und Hinweis zu dem „gestrandeten" Wal.

Einige „Witzbolde" hatten über Nacht eine Walattrappe am Zingster Strand deponiert.

Offensichtlich als außergewöhnliche „Attraktion" für die wissbegierigen Urlauber.

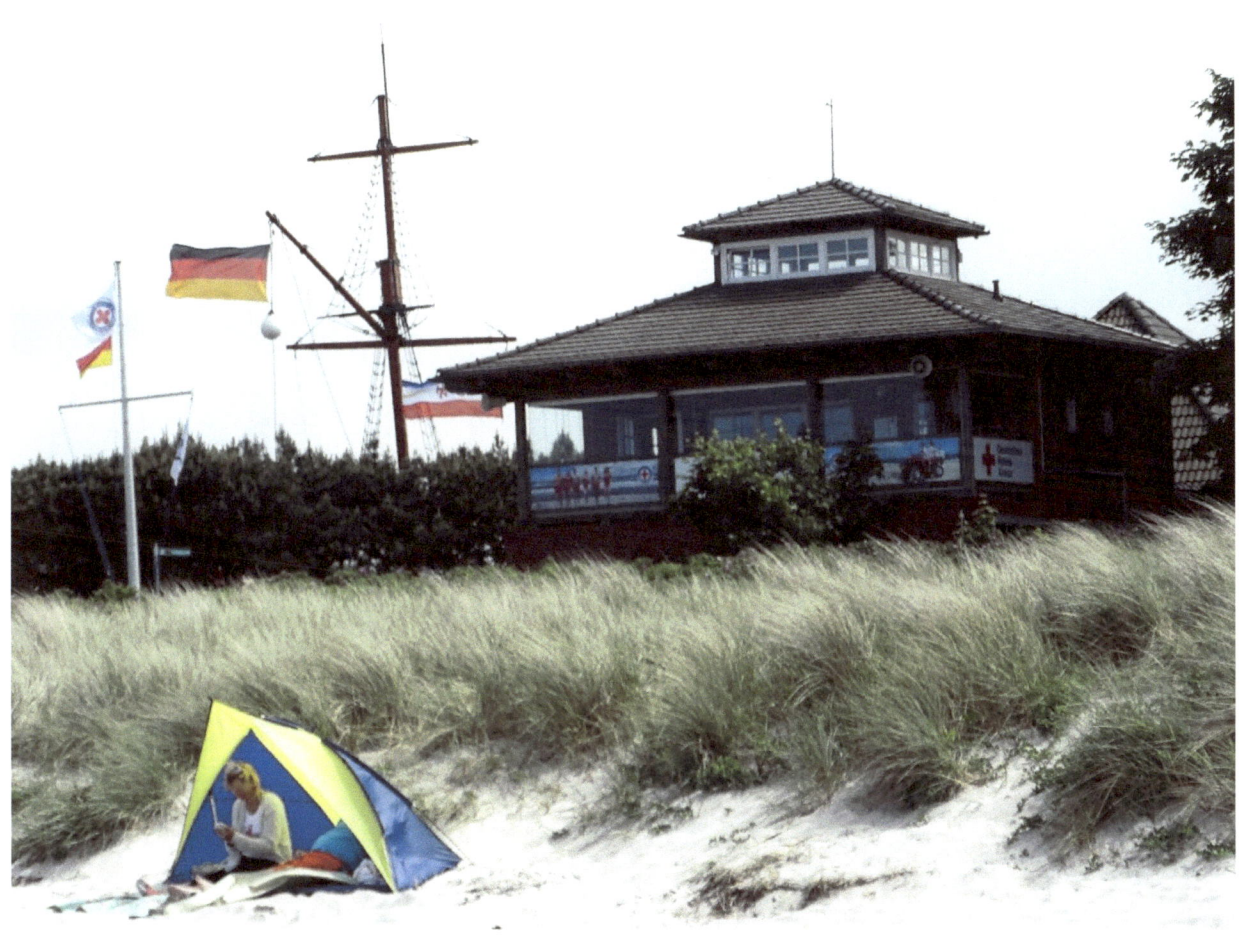
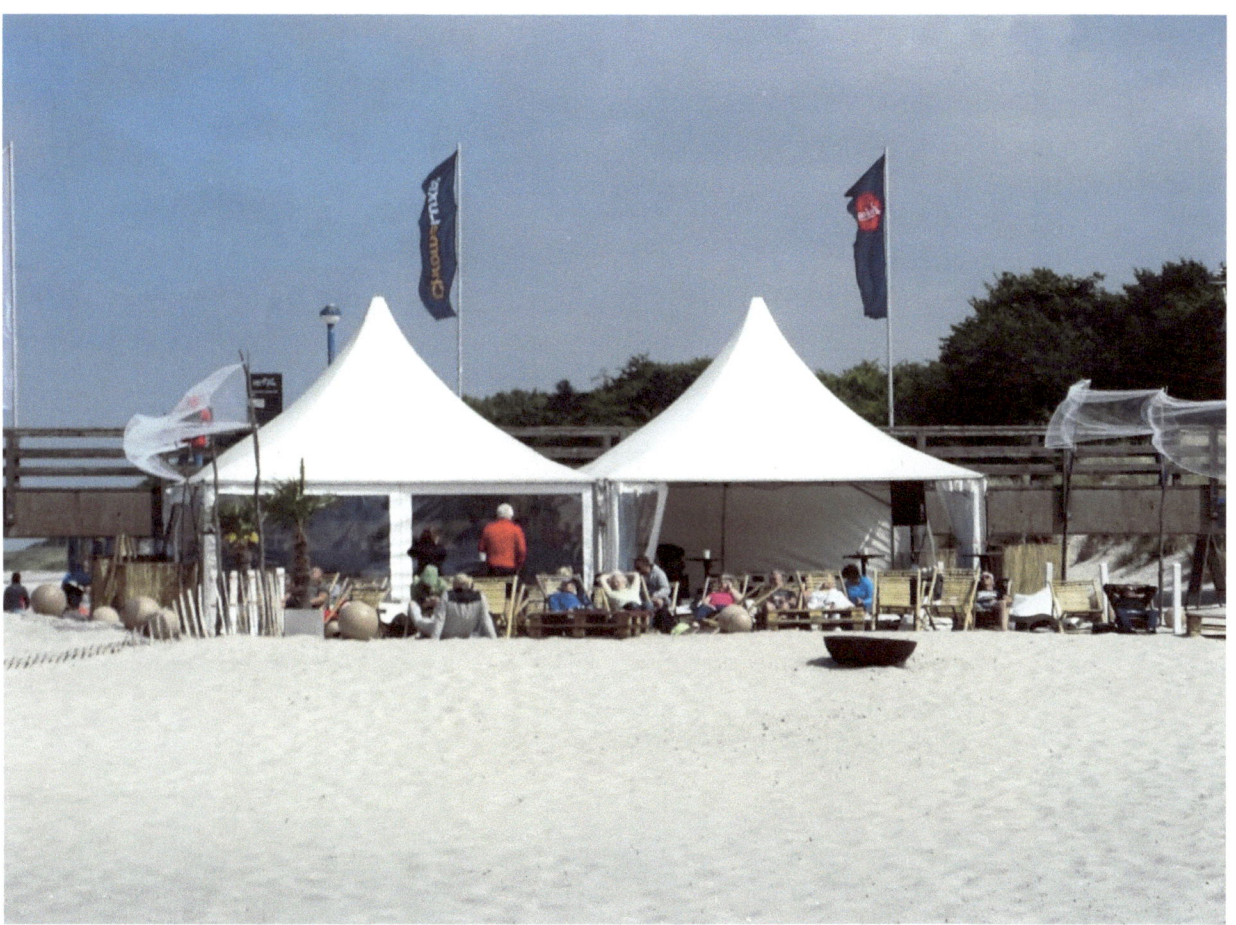

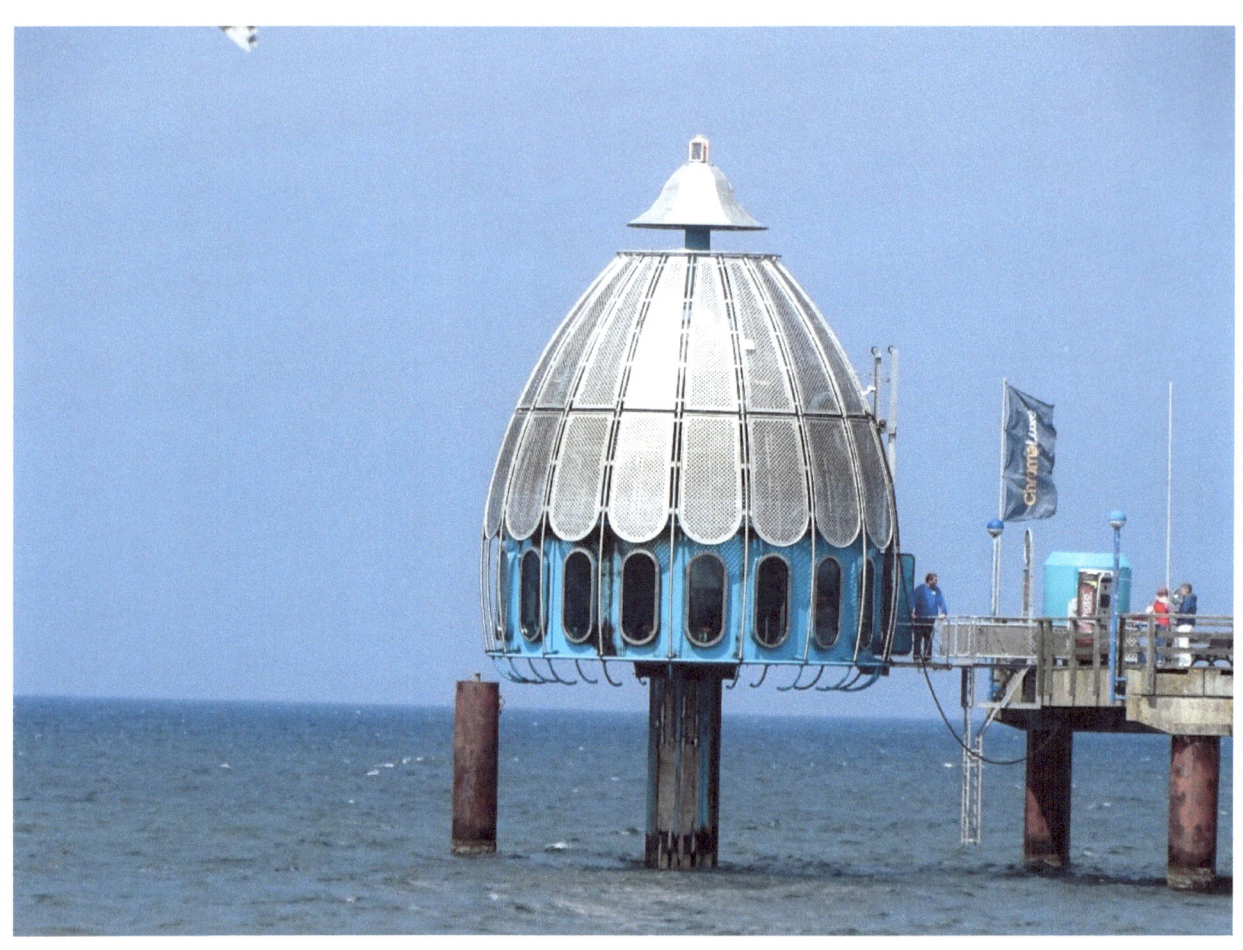

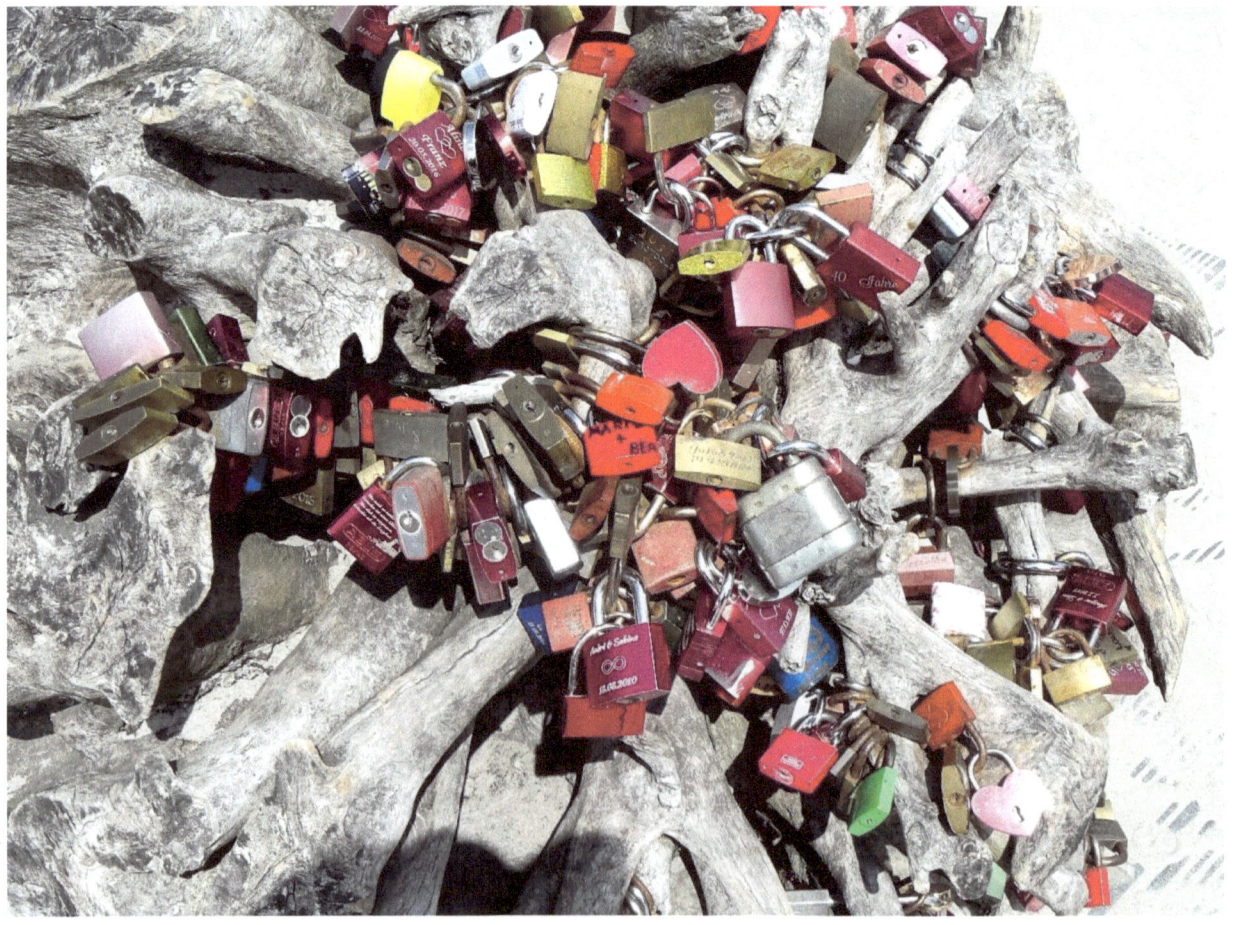

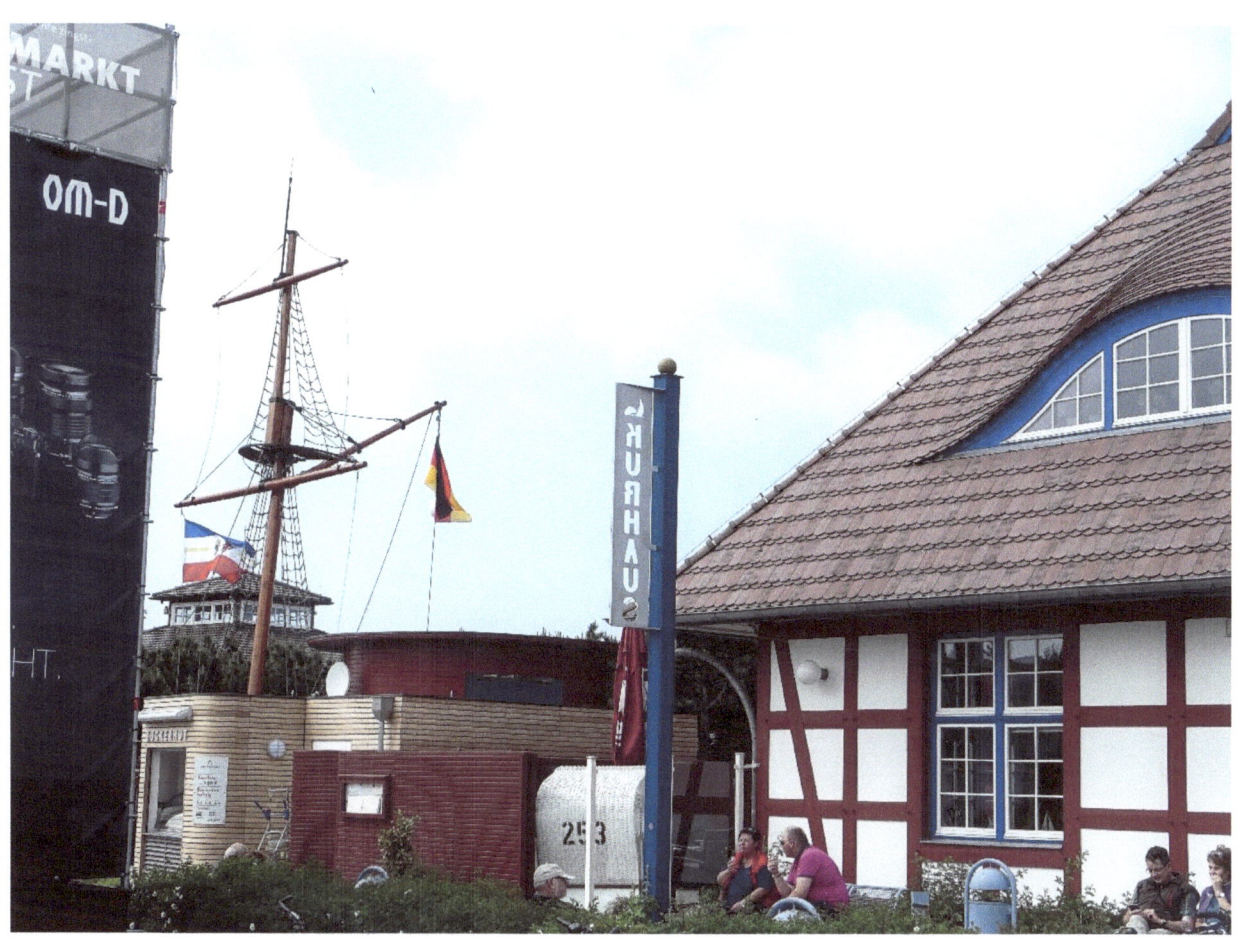

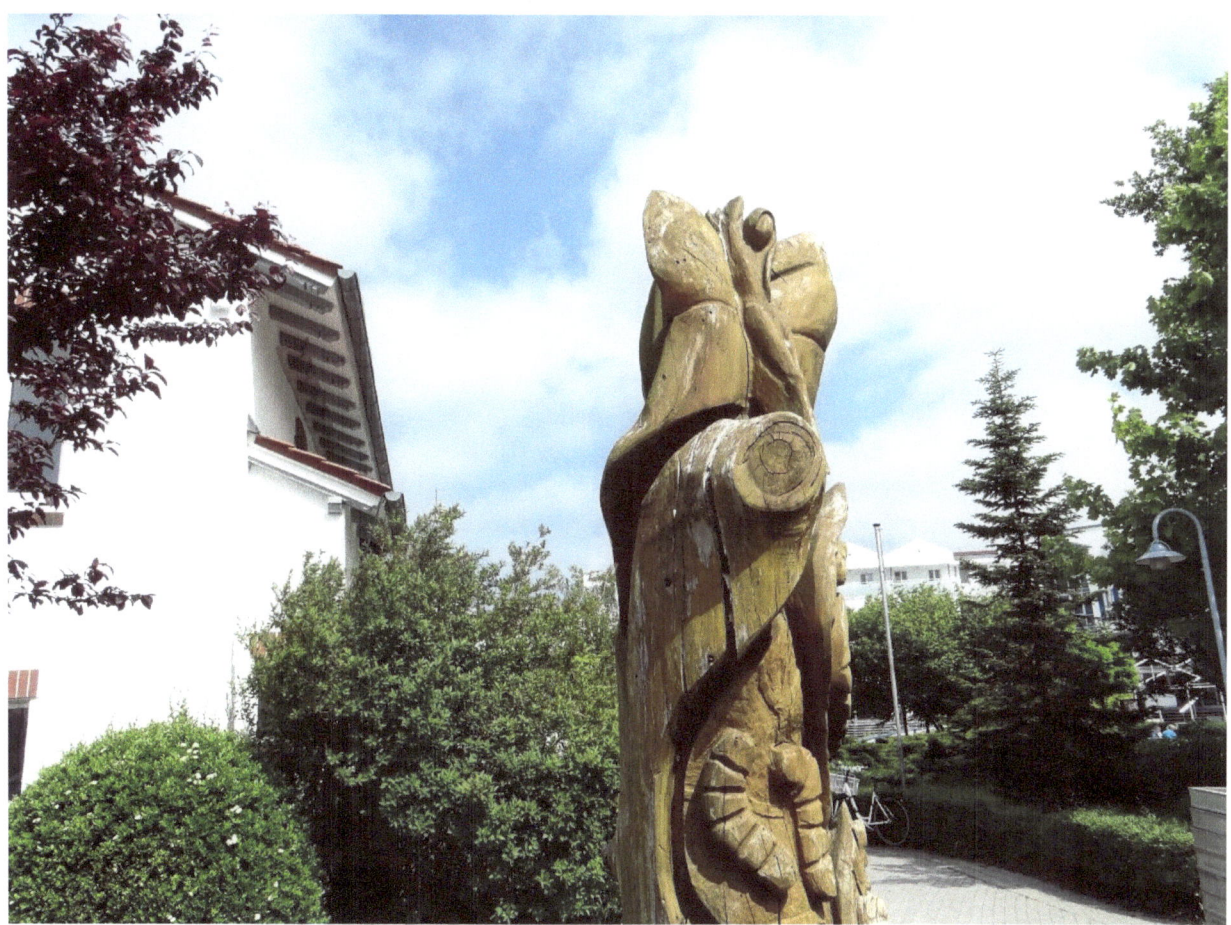

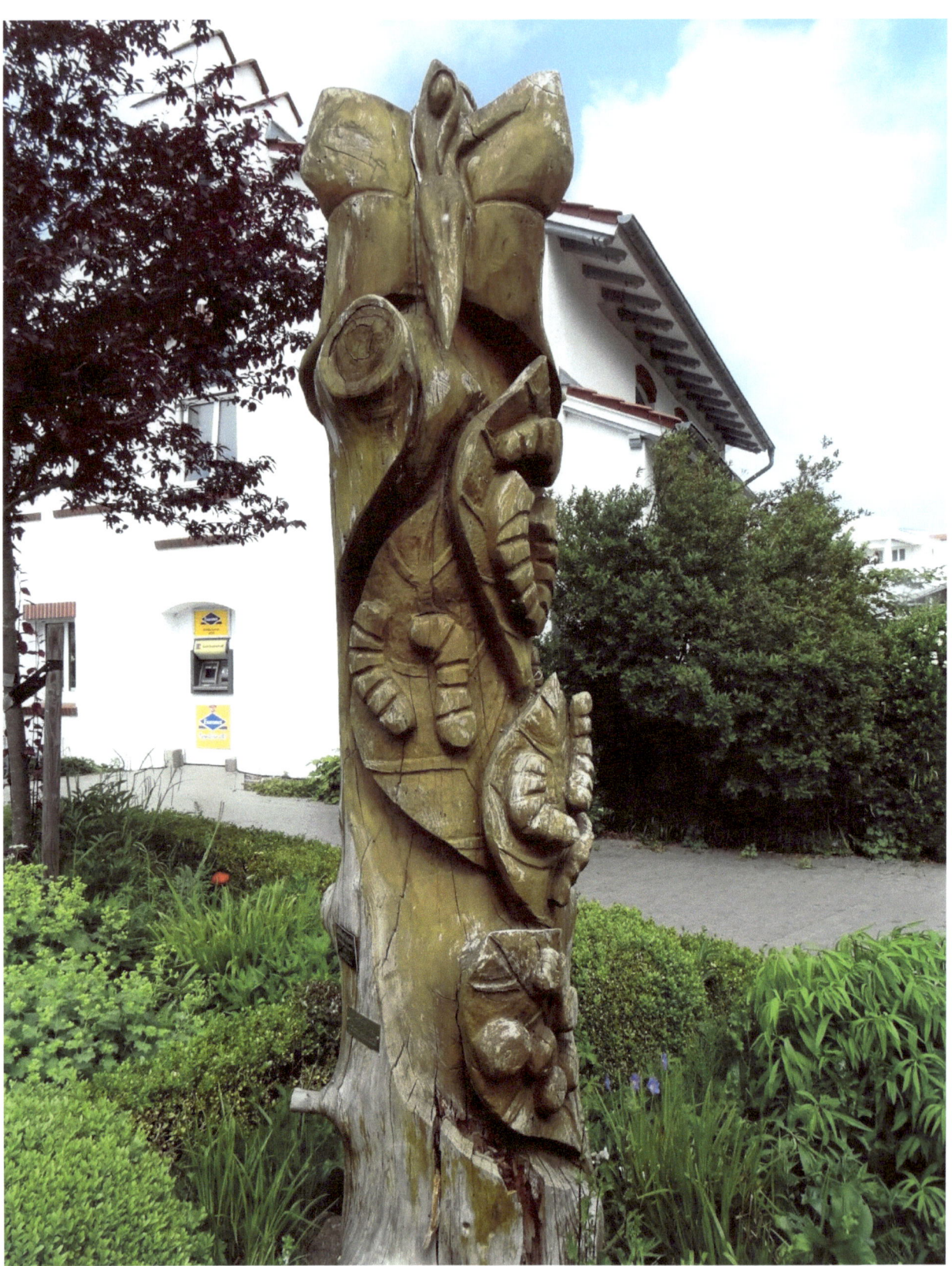

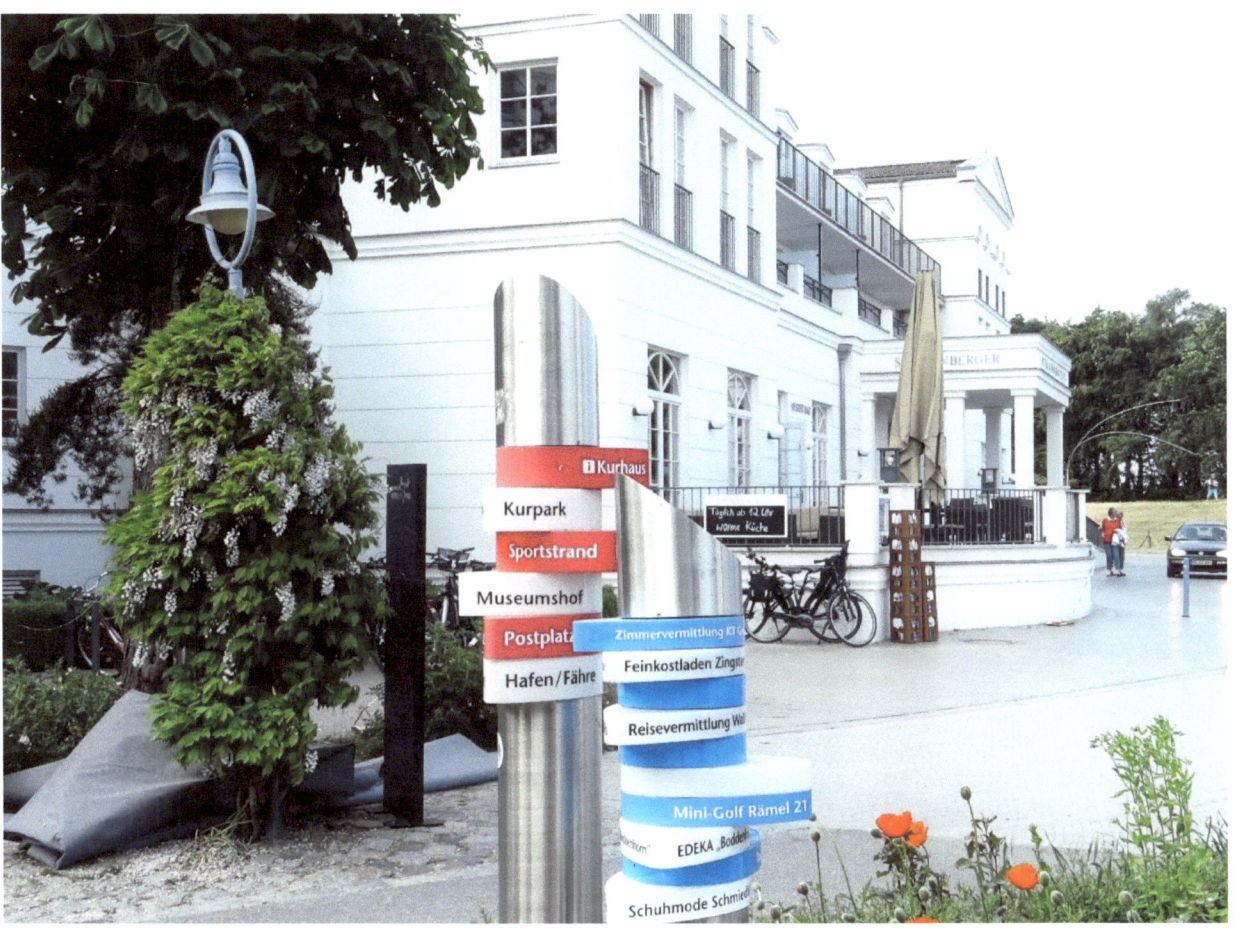

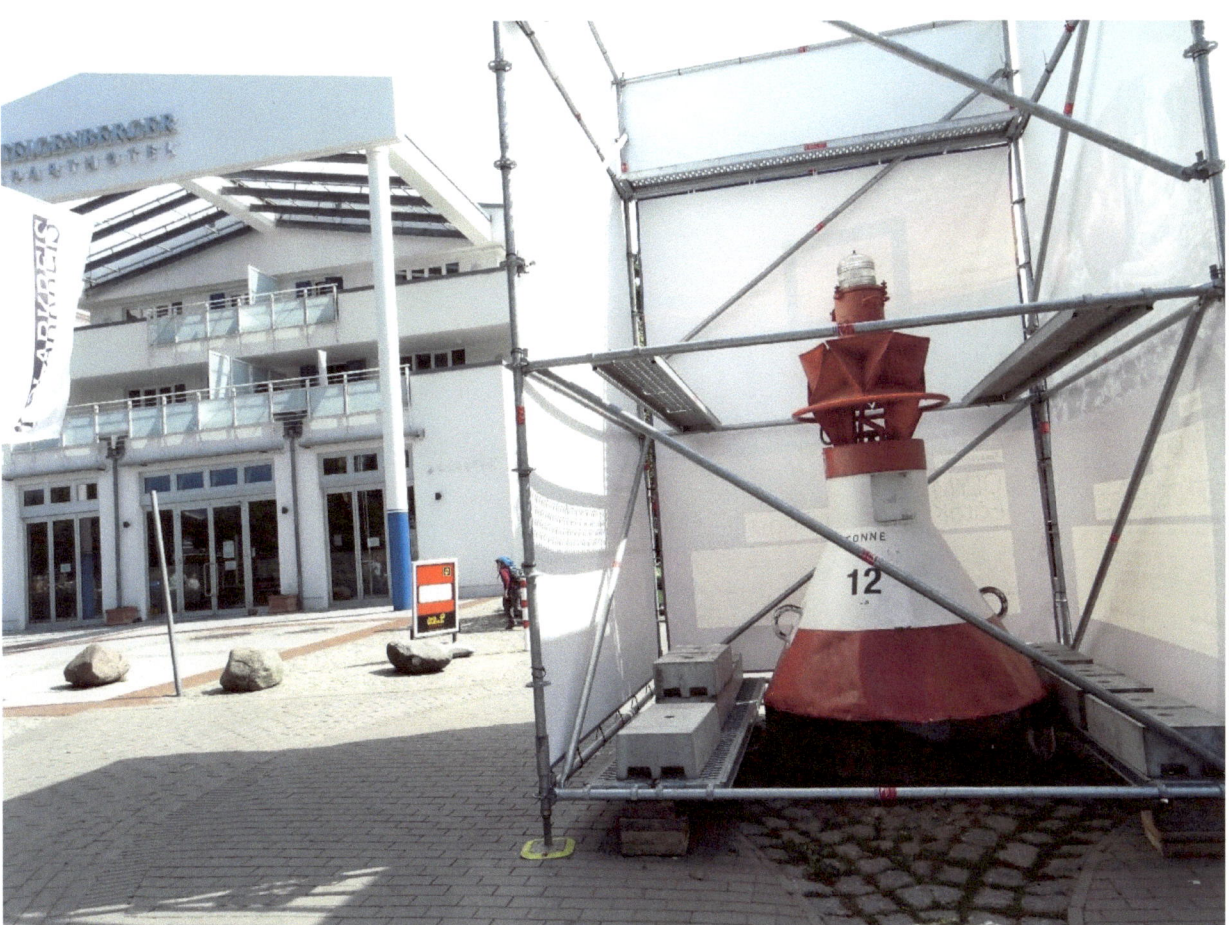

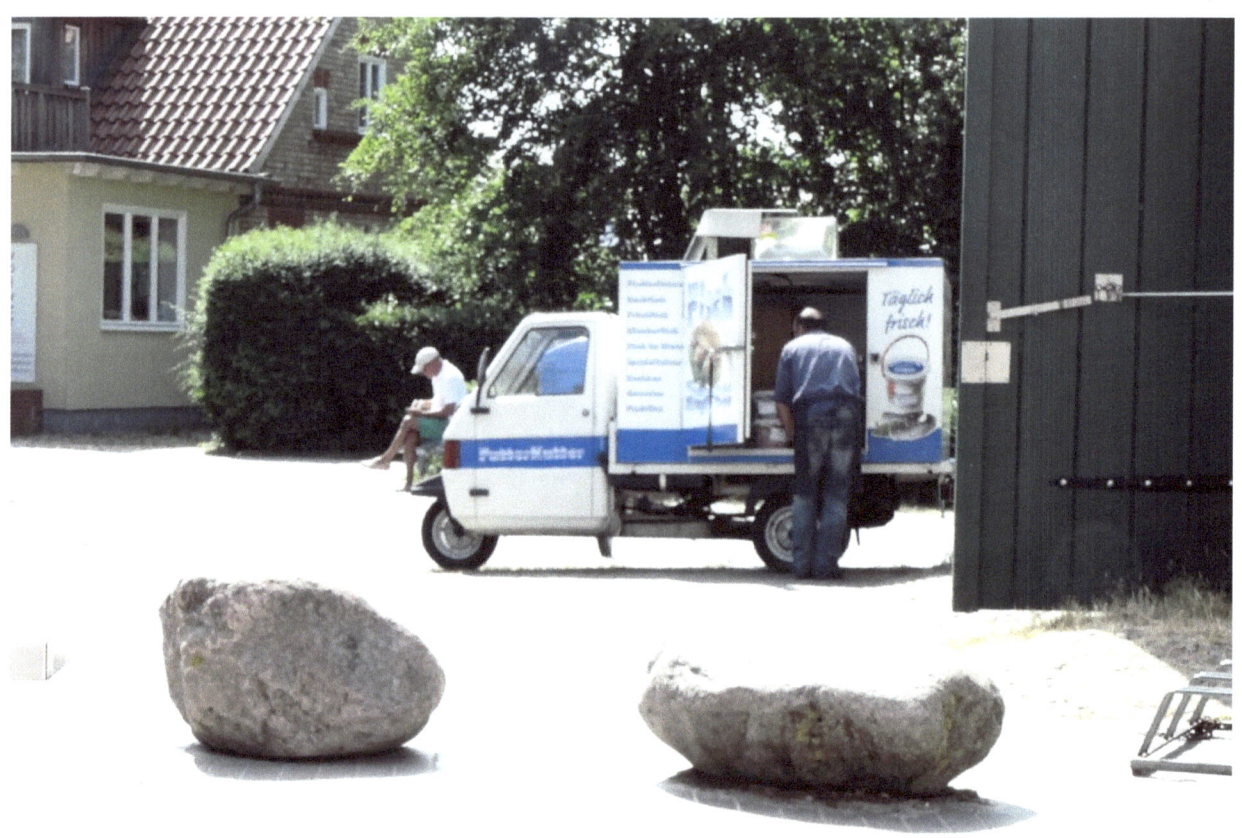
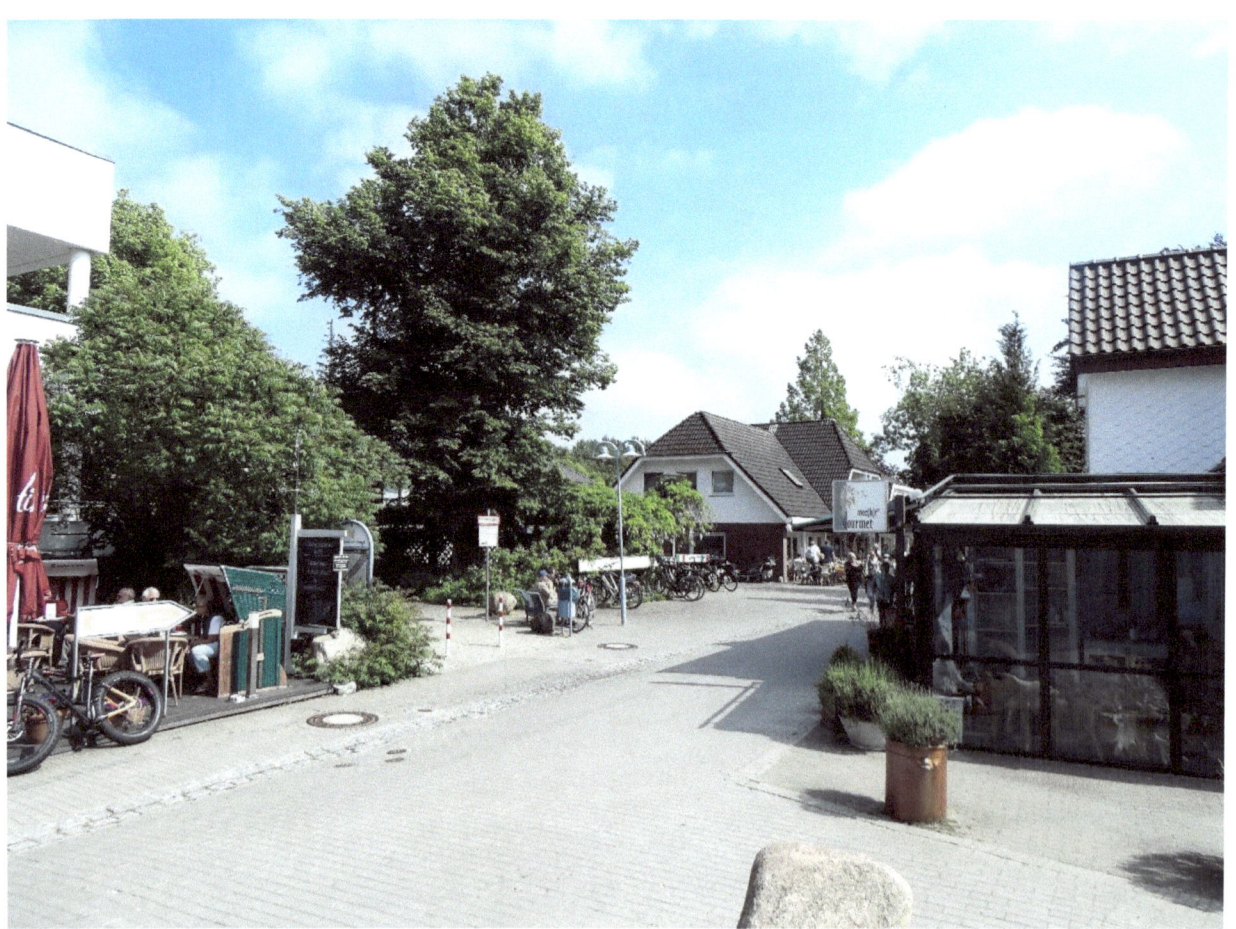

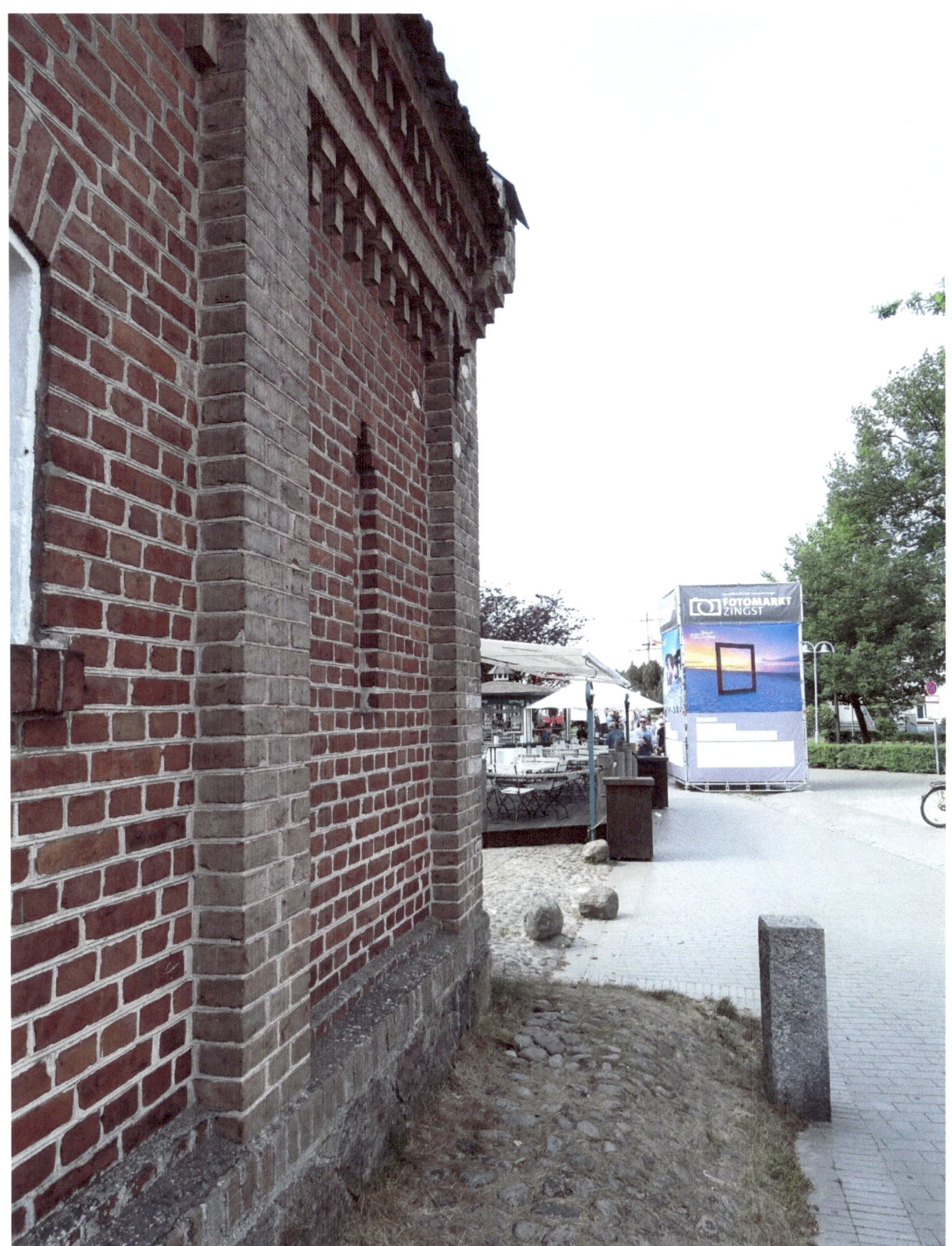

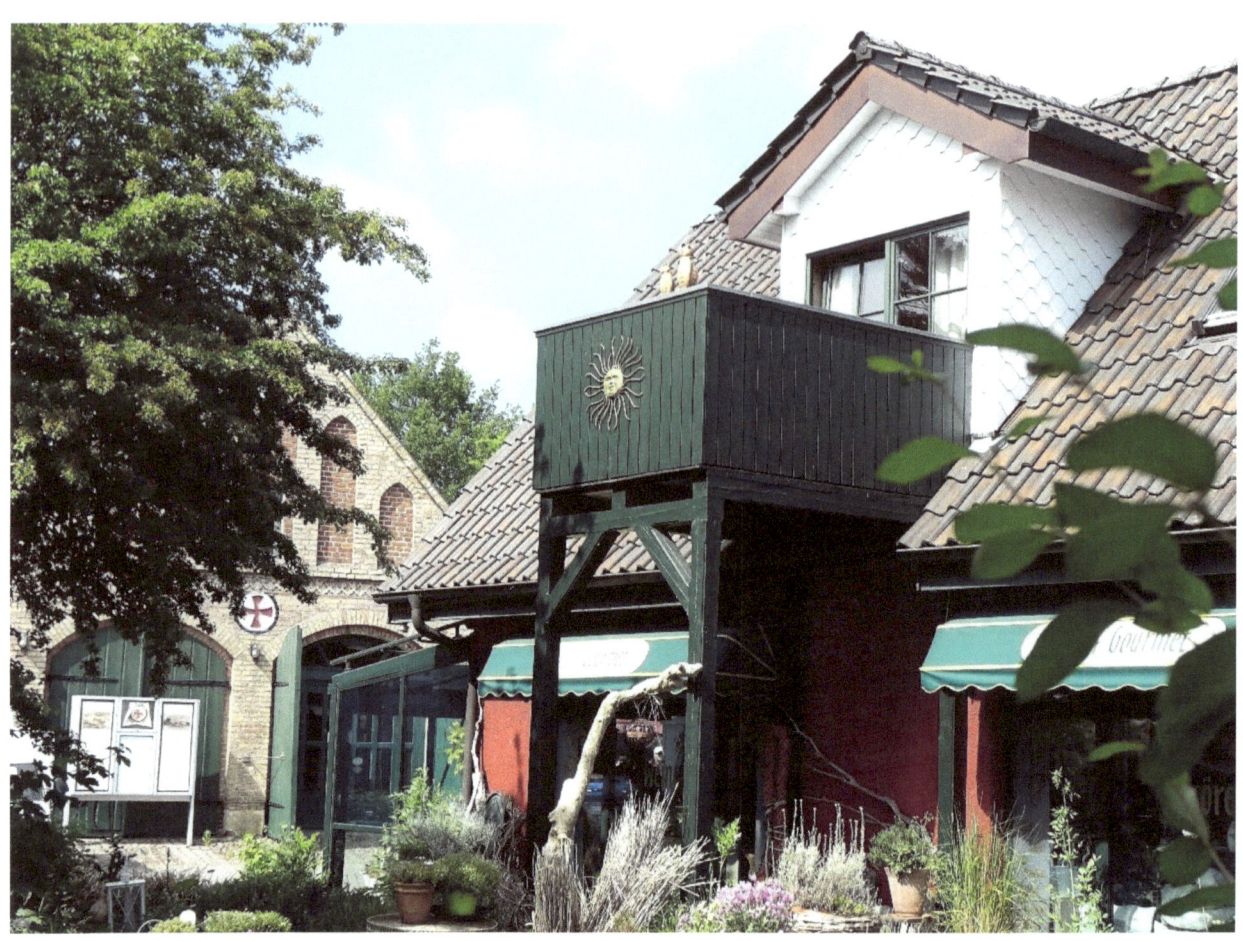
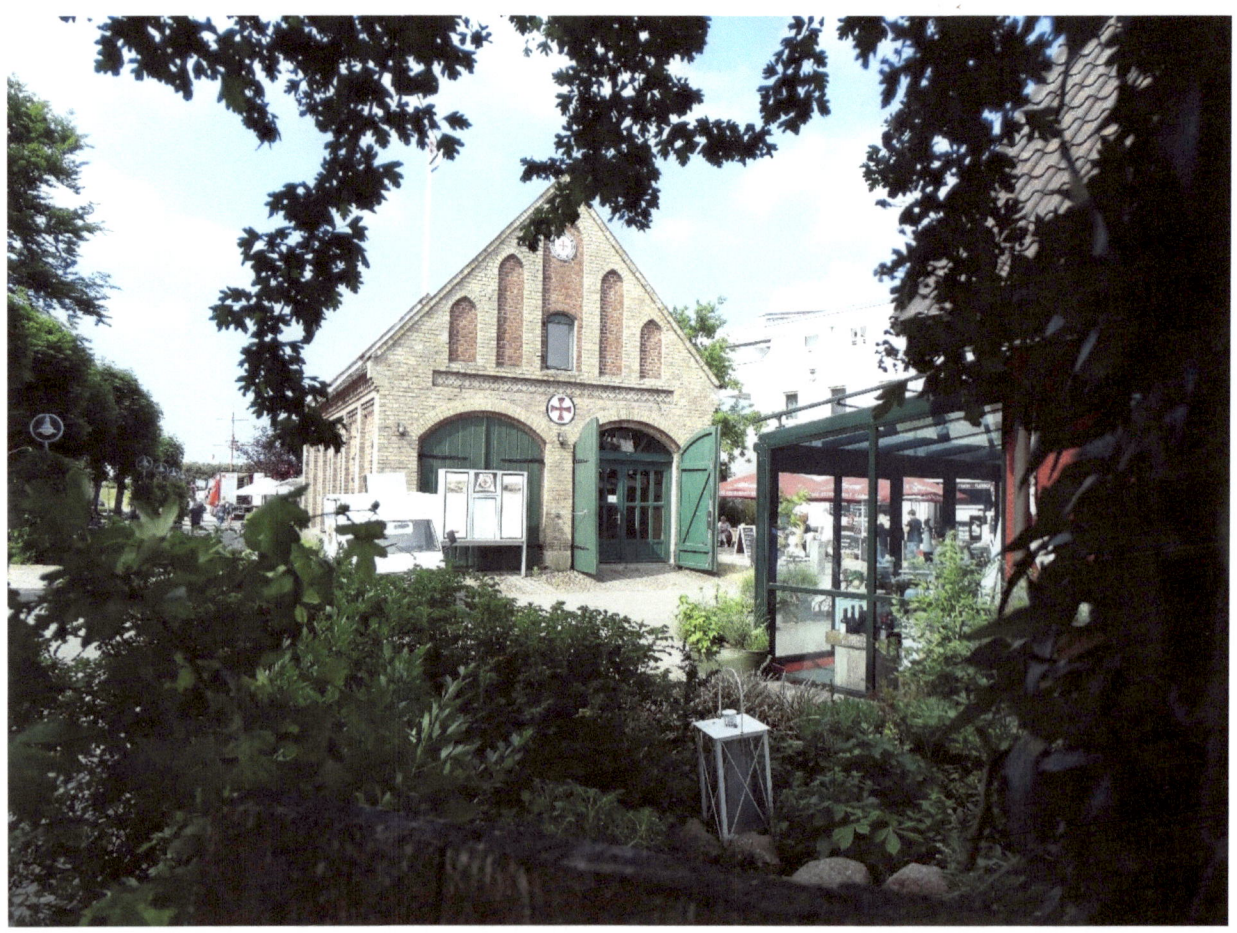

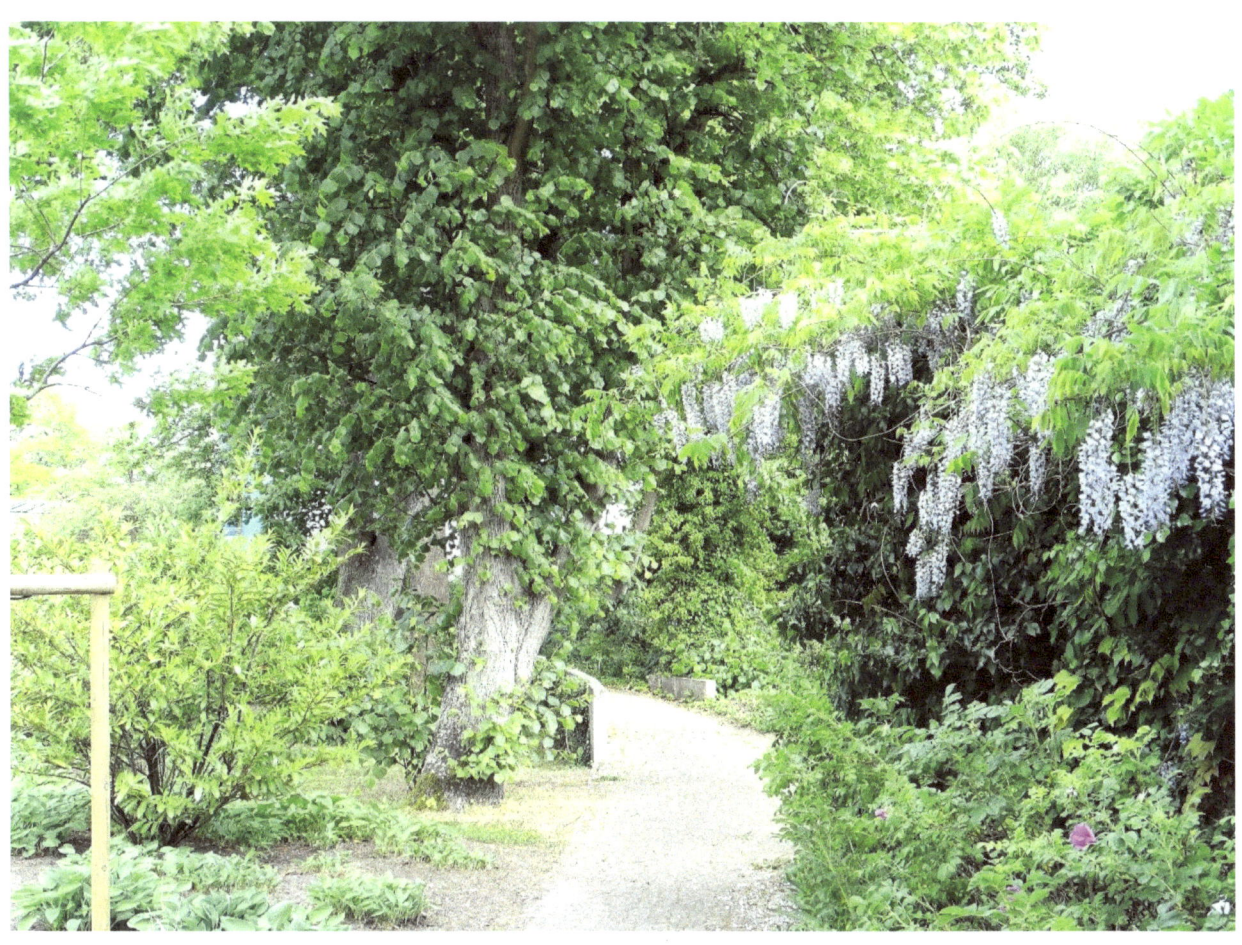
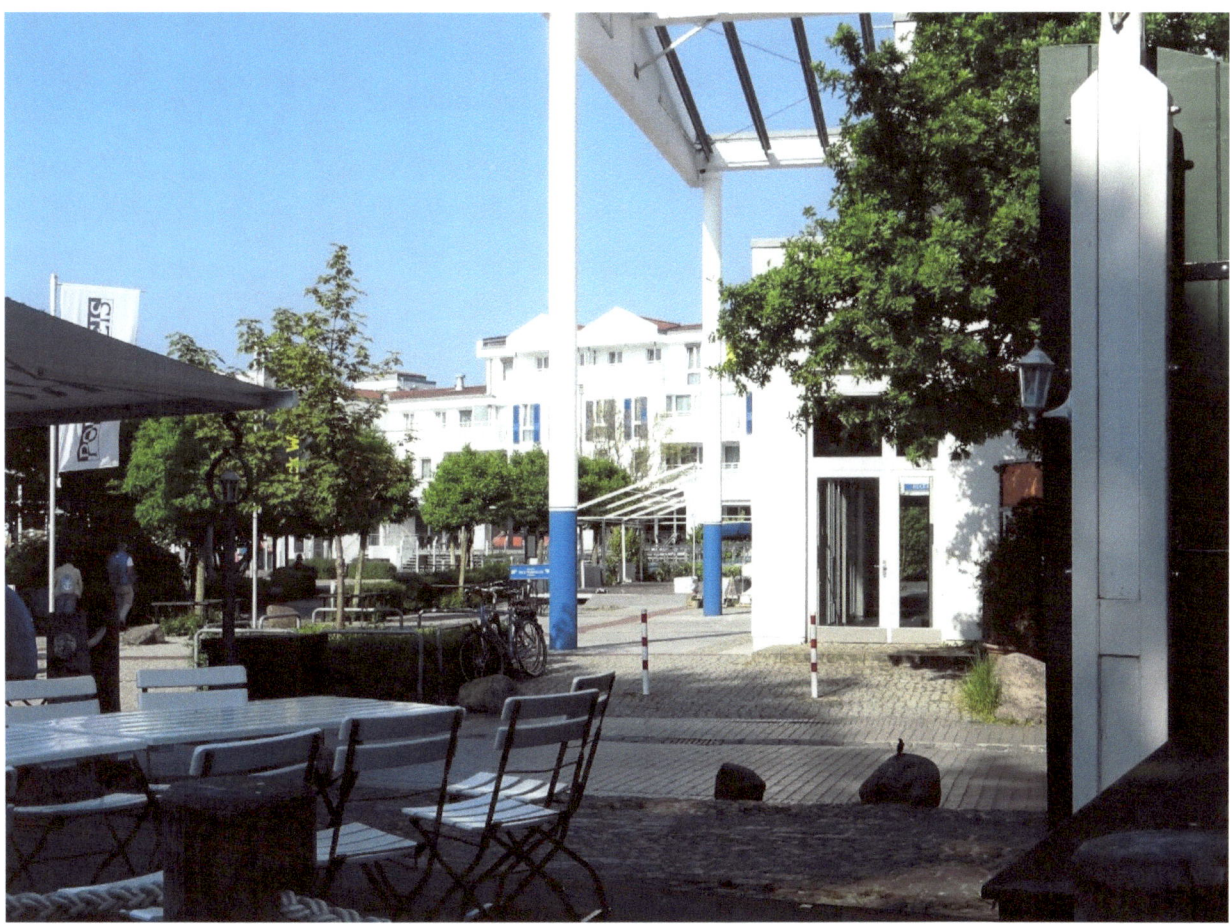

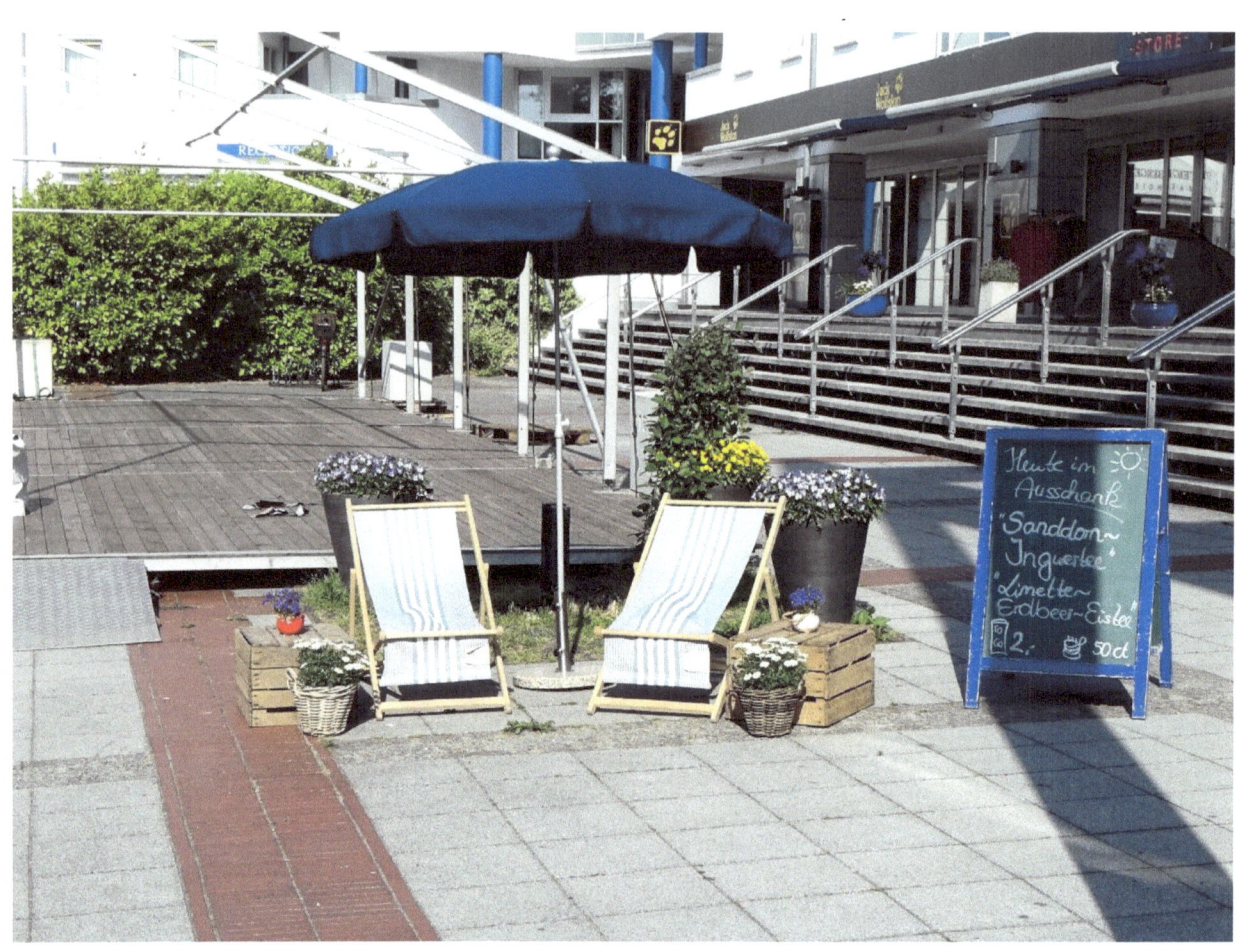
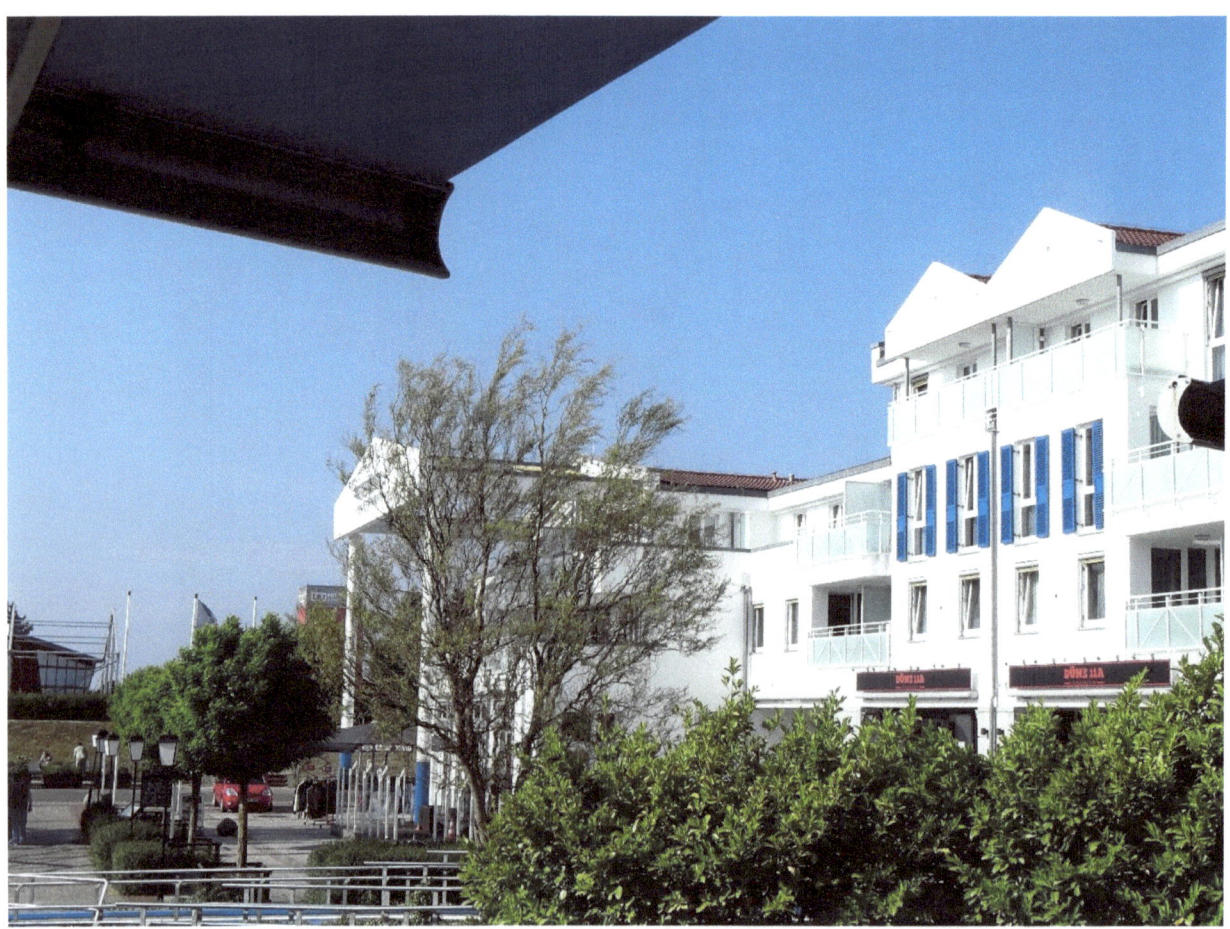

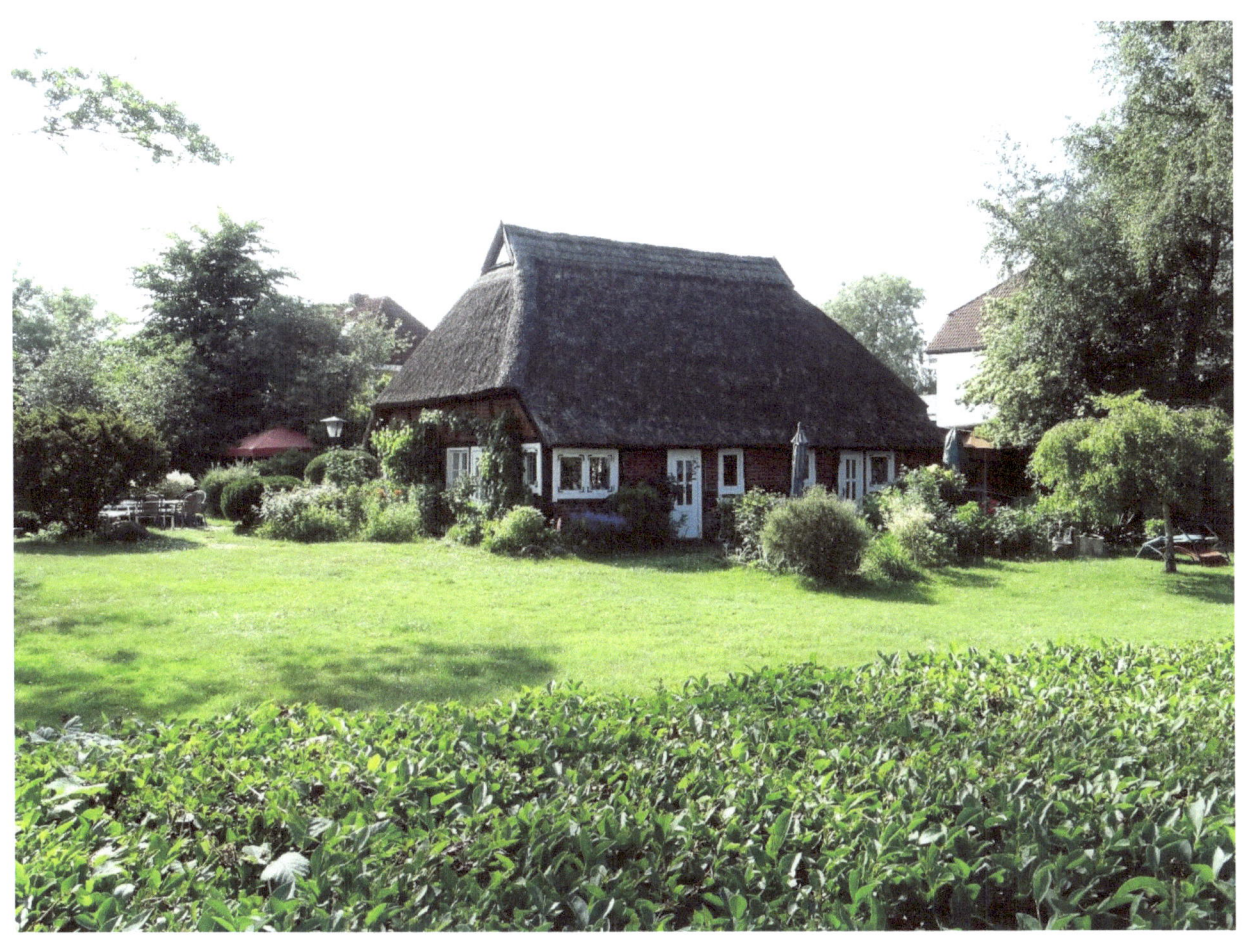
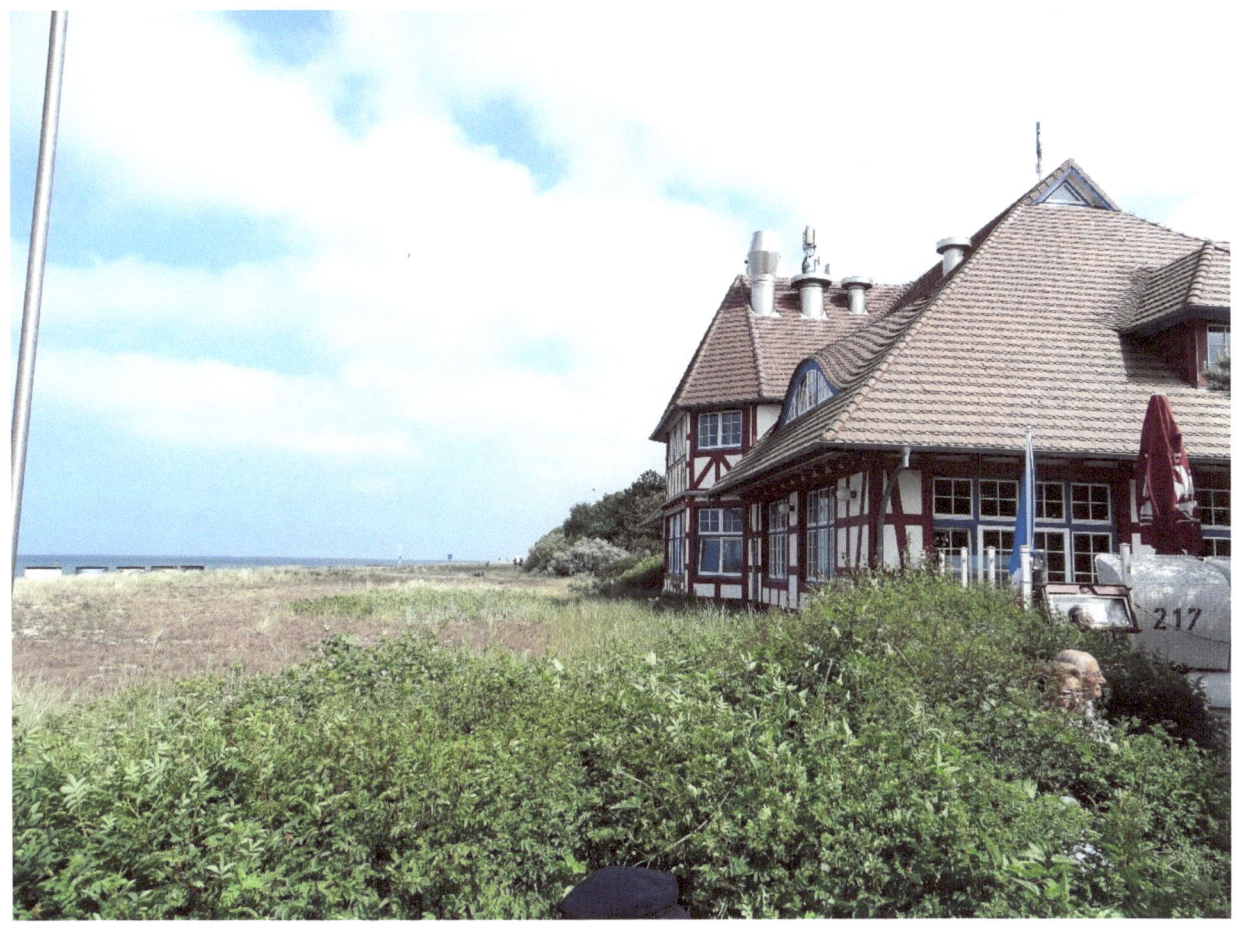

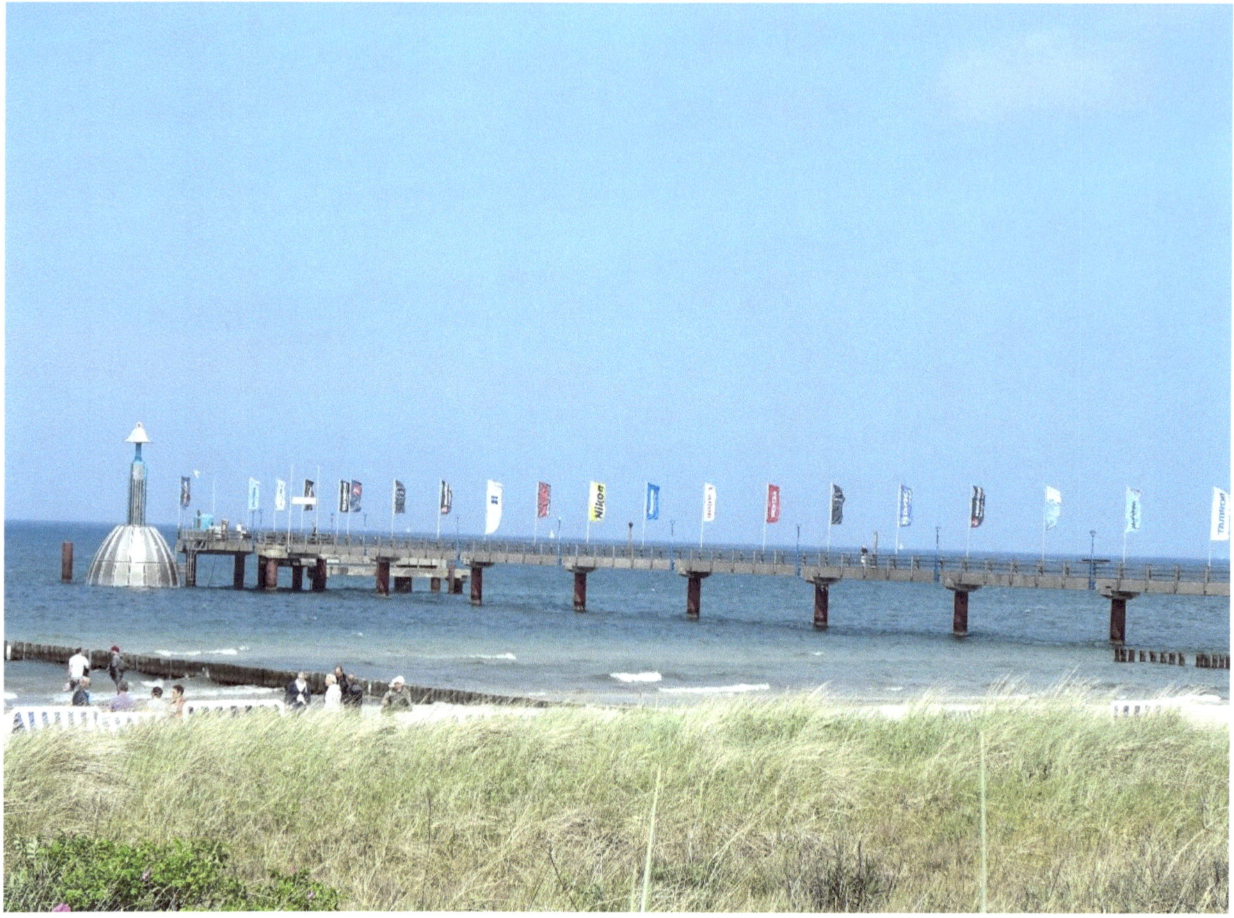

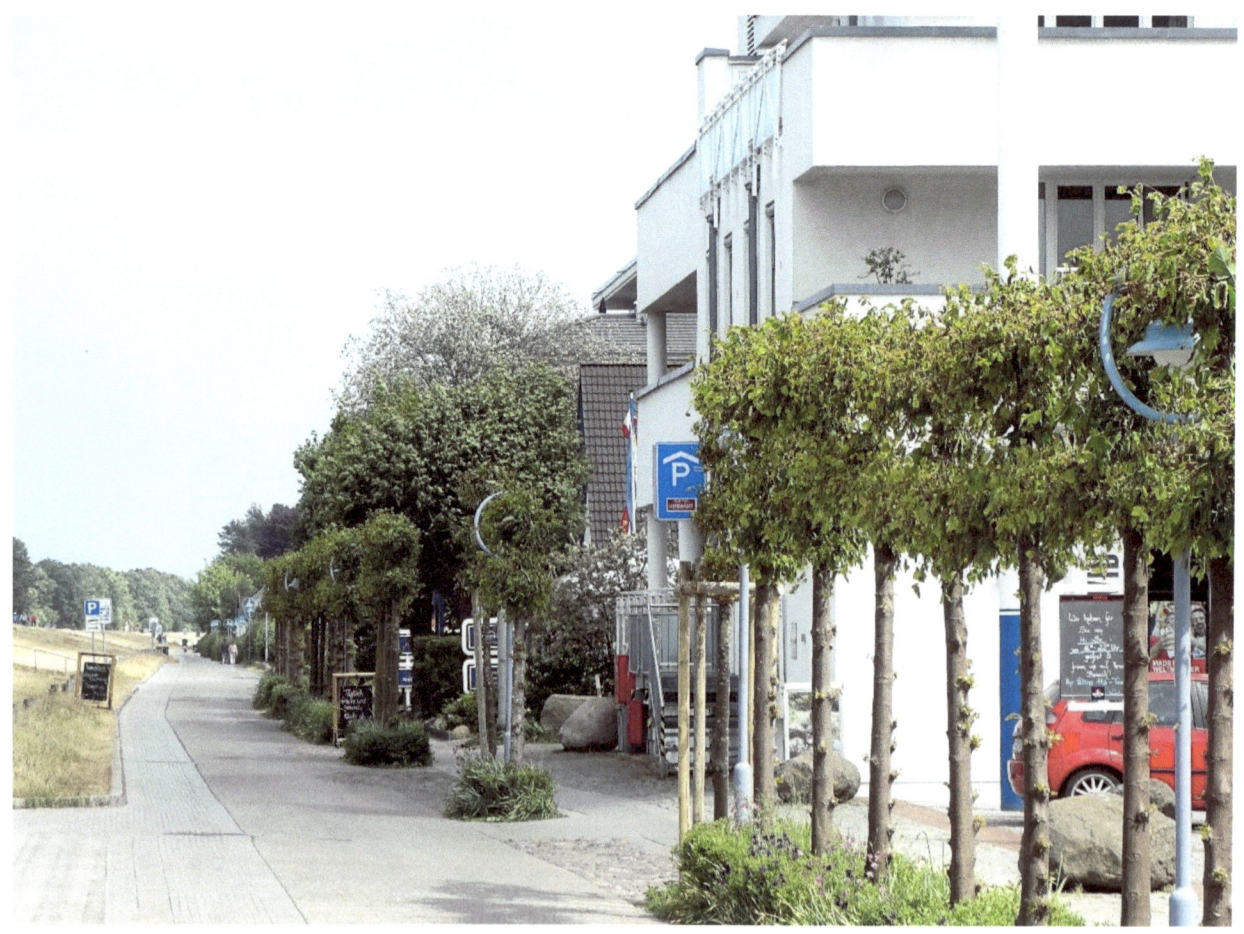

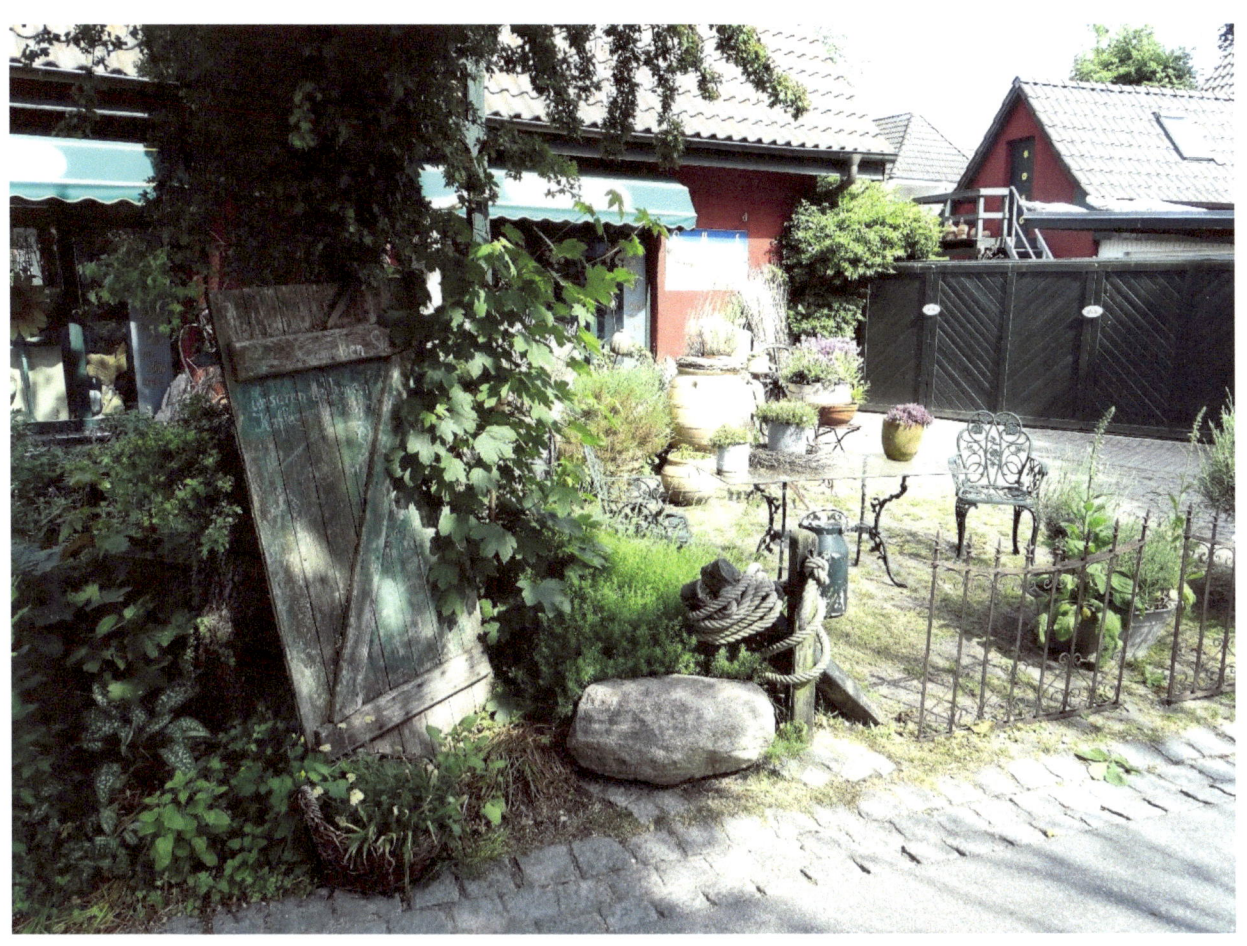

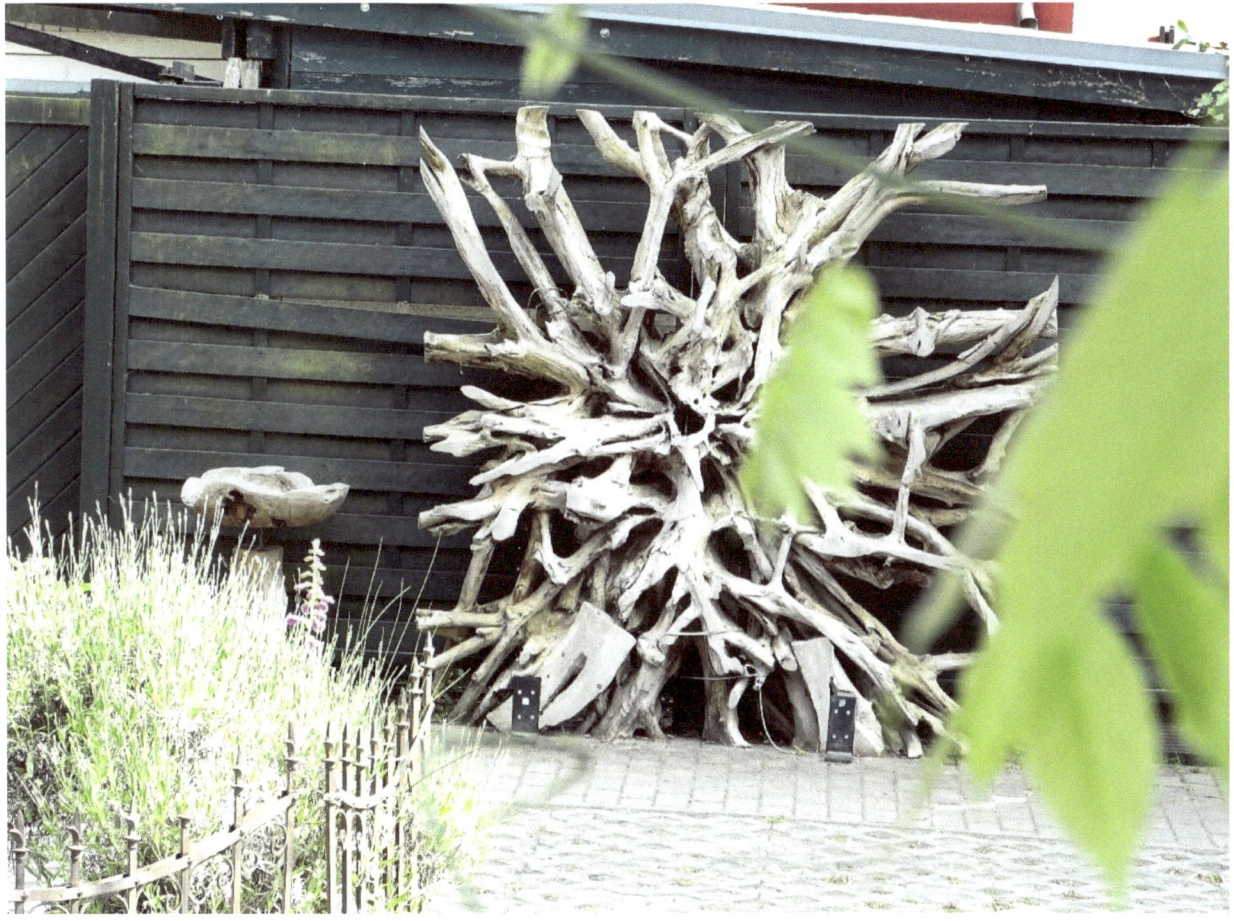

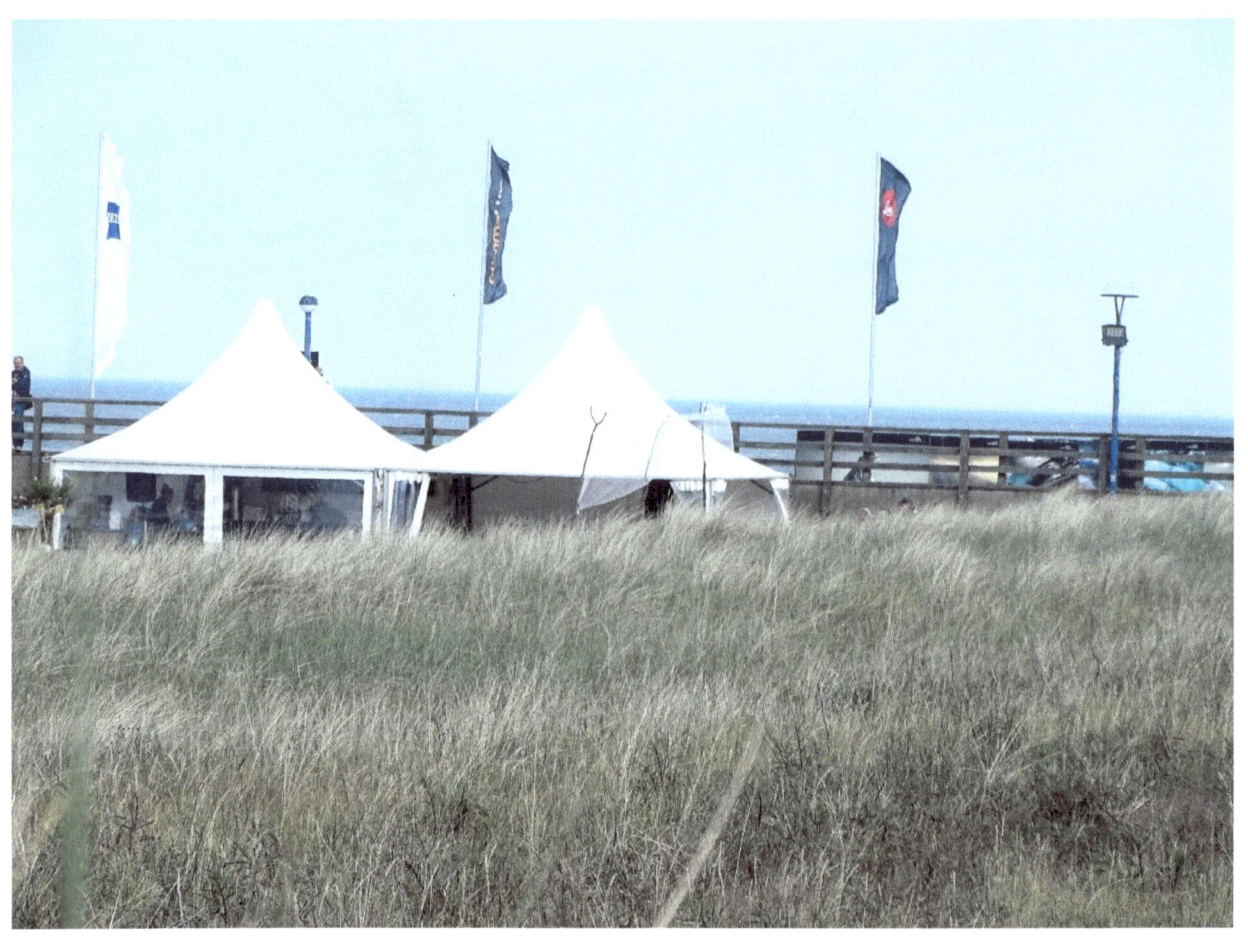

www.ingramcontent.com/pod-product-compliance
Lightning Source LLC
Chambersburg PA
CBHW051821210526
45473CB00005B/1686